Gröls Verlage

„BÜCHER SIND WIE FALLSCHIRME.
SIE NÜTZEN UNS NICHTS, WENN
WIR SIE NICHT ÖFFNEN."

Gröls Verlag

Redaktionelle Hinweise und Impressum

Das vorliegende Werk wurde zugunsten der Authentizität sehr zurückhaltend bearbeitet. So wurden etwa ursprüngliche Rechtschreibfehler *nicht* systematisch behoben, denn kleine Unvollkommenheiten machen das Buch – wie im Übrigen den Menschen – erst authentisch. Mitunter wurden jedoch zum Beispiel Absätze behutsam neu getrennt, um den Lesefluss zu erleichtern.

Um die Texte zu rekonstruieren, werden antiquarische Bücher von Lesegeräten gescannt und dann durch eine Software lesbar gemacht. Der so entstandene Text wird von Menschen gegengelesen und korrigiert – hierbei treten auch Fehler auf. Wenn Sie ebenfalls antiquarische Texte einreichen möchten, finden Sie weitere Informationen auf www.groels.de

Viel Freude bei der Lektüre wünscht Ihnen das Team des Gröls-Verlags.

Adressen

Verleger: Sophia Gröls, Im Borngrund 26, 61440 Oberursel

Externer Dienstleister für Distribution & Herstellung: BoD, In de Tarpen 42, 22848 Norderstedt

Unsere „Edition | Werke der Weltliteratur“ hat den Anspruch, eine der größten und vollständigsten Sammlungen klassischer Literatur in deutscher Sprache zu sein. Nach und nach versammeln wir hier nicht nur die „üblichen Verdächtigen“ von Goethe bis Schiller, sondern auch Kleinode der vergangenen Jahrhunderte, die – zu Unrecht – drohen, in Vergessenheit zu geraten. Wir kultivieren und kuratieren damit einen der wertvollsten Bereiche der abendländischen Kultur. Kleine Auswahl:

Francis Bacon • Neues Organon • **Balzac** • Glanz und Elend der Kurtisanen • **Joachim H. Campe** • Robinson der Jüngere • **Dante Alighieri** • Die Göttliche Komödie • **Daniel Defoe** • Robinson Crusoe • **Charles Dickens** • Oliver Twist • **Denis Diderot** • Jacques der Fatalist • **Fjodor Dostojewski** • Schuld und Sühne • **Arthur Conan Doyle** • Der Hund von Baskerville • **Marie von Ebner-Eschenbach** • Das Gemeindekind • **Elisabeth von Österreich** • Das Poetische Tagebuch • **Friedrich Engels** • Die Lage der arbeitenden Klasse • **Ludwig Feuerbach** • Das Wesen des Christentums • **Johann G. Fichte** • Reden an die deutsche Nation • **Fitzgerald** • Zärtlich ist die Nacht • **Flaubert** • Madame Bovary • **Gorch Fock** • Seefahrt ist not! • **Theodor Fontane** • Effi Briest • **Robert Musil** • Über die Dummheit • **Edgar Wallace** • Der Frosch mit der Maske • **Jakob Wassermann** • Der Fall Maurizius • **Oscar Wilde** • Das Bildnis des Dorian Grey • **Émile Zola** • Germinal • **Stefan Zweig** • Schachnovelle • **Hugo von Hofmannsthal** • Der Tor und der Tod • **Anton Tschechow** • Ein Heiratsantrag • **Arthur Schnitzler** • Reigen • **Friedrich Schiller** • Kabale und Liebe • **Nicolo Machiavelli** • Der Fürst • **Gotthold E. Lessing** • Nathan der Weise • **Augustinus** • Die Bekenntnisse des heiligen Augustinus • **Marcus Aurelius** • Selbstbetrachtungen • **Charles Baudelaire** • Die Blumen des Bösen • **Harriett Stowe** • Onkel Toms Hütte • **Walter Benjamin** • Deutsche Menschen • **Hugo Bettauer** • Die Stadt ohne Juden • **Lewis Caroll** • *und viele mehr….*

David Hume, Esq.

Eine Untersuchung in Betreff des menschlichen Verstandes

Inhalt

Vorwort 6
Abteilung I. 6
Abteilung II. 16
Abteilung III. 20
Abteilung IV. 22
Abteilung V. 33
Abteilung VI. 44
Abteilung VII. 47
Abteilung VIII. 61
Abteilung IX. 79
Abteilung X. 82
Abteilung XI. 99
Abteilung XII. 112

Vorwort

(Von Hume bei Aufnahme seines Werkes in die Essays geschrieben.)

Die meisten Sätze und Ausführungen dieses Bandes sind bereits in einem dreibändigen Werke unter dem Titel: „Eine Abhandlung über die menschliche Natur" veröffentlicht worden, wozu der Verfasser den Plan schon als Student entworfen hatte und welches er bald darauf schrieb und veröffentlichte. Es hatte keinen Erfolg; der Verfasser erkannte seinen Irrtum, zu schnell zur Veröffentlichung geschritten zu sein und arbeitete es um; viele Mängel in der Begründung und noch mehr in der Darstellung sind hoffentlich dadurch beseitigt worden. Trotzdem haben Kritiker, welche die Philosophie des Verfassers ihrer Aufmerksamkeit gewürdigt haben, alle ihre Angriffe gegen jene Jugendarbeit gerichtet, welche der Verfasser jetzt nicht mehr anerkennt. Man hat so die angeblichen über ihn errungenen Triumphe gefeiert, obgleich solches Verfahren allen Regeln der Offenheit und Redlichkeit widerspricht und einen auffallenden Beleg zu den polemischen Künsten abgiebt, welche der fromme Eifer anzuwenden sich für befugt erachtet.

Deshalb wünscht der Verfasser, dass die gegenwärtige Arbeit allein als die angesehen werde, welche seine philosophischen Ansichten und Grundsätze enthält.

Abteilung I.

Über die verschiedenen Arten der Philosophie.

Die Philosophie oder die Wissenschaft von der menschlichen Natur kann auf zwei verschiedene Weisen behandelt werden, von denen jede ihren besonderen Wert hat und zur Unterhaltung, Belehrung und Verbesserung der Menschheit beitragen kann. Nach der einen ist der Mensch hauptsächlich zum Handeln geboren und wird in seinen Massregeln durch Geschmack und Gefühl bestimmt; er sucht den einen Gegenstand auf und vermeidet den anderen nach dem Werte, den diese Gegenstände zu haben scheinen, und nach dem Lichte, in dem sie sich darstellen. Da die Tugend anerkanntermassen das Wertvollste von allen ist, so malen die Philosophen dieser Gattung sie in den lieblichsten Farben, entlehnen dazu die Mittel der Dicht- und Redekunst und behandeln ihren Gegenstand in jener leichten und fasslichen Weise, welche die Phantasie anregt und das Interesse erweckt. Sie wählen die treffendsten Bemerkungen und Beispiele aus dem täglichen Leben und bringen die unterschiedenen Charaktere in den richtigen Gegensatz. Sie locken uns durch die Aussichten auf Ruhm und Glück in die Pfade der Tugend und erhalten uns darin durch gesunde Lehren und glänzende Beispiele. Sie lassen den Unterschied zwischen Tugend und Laster fühlen; sie erwecken und regeln die Empfindungen, und indem sie so in dem Herzen die Gesinnung für Rechtschaffenheit und wahre Ehre wach rufen, glauben sie den Endzweck ihrer Anstrengungen vollkommen erreicht zu haben.

Die Philosophen der zweiten Gattung betrachten den Menschen mehr in dem Lichte eines denkenden als handelnden Wesens; sie suchen mehr seinen Verstand zu bilden, als seine Sitten zu bessern. Die menschliche Natur gilt ihnen als ein Gegenstand philosophischer Prüfung; sie untersuchen sie mit ängstlicher Sorgfalt, um die Grundsätze zu entdecken, welche unsern Verstand leiten, unsere Empfindungen erwecken und uns zum Lob oder Tadel der Dinge, der Handlungen und des Benehmens veranlassen. Sie halten es für eine Schmach der Wissenschaft, dass die Philosophie noch nicht die Grundlagen der Moral, des Denkens und Urteilens unzweifelhaft festgestellt hat; dass sie von Wahrheit und Irrtum, von Tugend und Laster, von Schönheit und Hässlichkeit fortwährend spricht, ohne die Quelle dieser Unterschiede bezeichnen zu können. Sie unternehmen diese schwierige Aufgabe und lassen sich durch keine Hindernisse abschrecken. Von besondern Fällen gehen sie zu allgemeinen Sätzen fort und ruhen nicht, bis sie die obersten Grundsätze erreicht haben, welche in jeder Wissenschaft die Grenze der menschlichen Erkenntnis bilden. Ihre Untersuchungen erscheinen dem gewöhnlichen Leser trocken, ja unverständlich; aber ihr Streben geht auf die Beistimmung der Kenner und Weisen, und sie halten sich für die Anstrengungen eines ganzen Lebens genügend entschädigt, wenn sie einige verborgene Wahrheiten entdecken, welche zur Belehrung der kommenden Geschlechter beitragen.

Unstreitig zieht die Menge jene leichte und verständliche Philosophie dieser strengen und tiefen vor, und Viele werden sie nicht bloss für angenehmer, sondern auch für nützlicher als die andere erklären. Jene beeinflusst mehr das tägliche Leben; sie erregt das Herz und die Empfindung; sie berührt die Grundsätze, welche das Handeln bestimmen, bessert so das Benehmen der

Menschen und bringt sie dem von ihr aufgestellten Muster von Vollkommenheit näher. Die strenge Philosophie stützt sich dagegen auf eine Geistesrichtung, welche in das Praktische und Thätige sich nicht einlässt; sie verschwindet, wenn der Philosoph die Dämmerung verlässt und in das Tageslicht tritt, und ihre Grundsätze können nicht leicht einen Einfluss auf das Handeln und Benehmen erlangen. Die Gefühle des Herzens, die Erregungen der Leidenschaften, die Gewalt der Affekte machen alle ihre Folgerungen zu nichte und bringen den tiefsinnigen Philosophen auf die gleiche Stufe mit jedem gewöhnlichen Menschen wieder herab.

Man muss auch anerkennen, dass jene leichte Philosophie den dauerhaftesten und gerechtesten Ruhm erworben hat, und dass jene tiefsinnigen Denker bei dem Eigensinn und der Unwissenheit ihrer Zeit, sich bisher nur eines vorübergehenden Rufes erfreut haben, ihren Ruhm aber bei der gerechteren Nachwelt sich nicht haben erhalten können. Der tiefsinnige Philosoph begeht in seinen scharfen Schlussfolgerungen leicht ein Versehen; ein Missgriff hat beim Weiterschreiten aber andere notwendig zur Folge; denn er schreckt vor keinem Ergebnis zurück, selbst wenn es sonderbar erscheint oder der Volksmeinung widerstreitet. Aber ein Philosoph, der nur das Gemeinverständliche in schönen und anziehenden Farben wiedergeben will, geht nicht weiter, wenn er zufällig in einen Irrtum gerät; er kehrt in die richtige Bahn zurück und schützt sich vor jeder gefährlichen Täuschung, indem er sich wieder auf den gesunden Verstand und die natürliche Empfindung beruft. Der Ruhm Ciceros blüht noch heute, während der von Aristoteles erloschen ist. La Bruyère tönt über das Meer und bewahrt noch seinen Ruf, während der Ruhm von Malebranche auf seine Nation und sein Zeitalter beschränkt geblieben ist, und Addison wird vielleicht noch mit Vergnügen gelesen werden, wenn Locke ganz vergessen sein wird.

Der strenge Philosoph ist ein Charakter, welcher der Welt meist nicht genehm ist; man meint, dass er weder zum Nutzen noch zum Vergnügen der Gesellschaft etwas beitrage; denn er lebt fern vom Verkehr mit Menschen und ist in Regeln und Begriffe vertieft, welche dem Verständnis dieser fern liegen. Auf der andern Seite aber wird reine Unwissenheit noch mehr verachtet, und in einem Zeitalter und Volke, wo die Wissenschaften blühen, gilt es als ein sicheres Zeichen der Roheit, keinen Geschmack für diese edlen Beschäftigungen zu besitzen. Man sucht meist den vollkommenen Charakter zwischen diesen beiden Extremen; ein solcher besitzt gleiches Geschick und Geschmack für Bücher, Gesellschaft und Geschäft; er bewahrt sich in der Unterhaltung die Schärfe und Feinheit, welche aus der Pflege der schönen Wissenschaften entspringen, und im Geschäft die Rechtlichkeit und Genauigkeit, welche das natürliche Ergebnis einer guten Philosophie sind. Um solche vollkommene Charaktere zu bilden und häufiger zu machen, sind Werke im leichten Stile die nützlichsten. Sie ziehen nicht zu sehr vom Leben ab, verlangen für ihr Verständnis keine tiefe Anstrengung oder Zurückgezogenheit und geben ihren Zögling der Menschheit zurück, erfüllt mit edlen Gefühlen und weisen Vorschriften, die für alle Lagen des menschlichen Lebens anwendbar sind. Vermittelst solcher Werke wird die Tugend liebenswürdig, die Wissenschaft angenehm, die Gesellschaft belehrend und die Einsamkeit unterhaltend.

Der Mensch ist ein vernünftiges Wesen, und als solches empfängt er seine wahre Nahrung von der Wissenschaft. Aber die Schranken des menschlichen Verstandes sind so enge, dass man hier weder mit der Grösse, noch mit der Gewissheit des Erwerbes zufriedengestellt wird. Der Mensch ist aber nicht bloss ein vernünftiges, sondern auch ein geselliges Wesen; dennoch kann er nicht immer angenehmen und unterhaltenden Umgang geniessen und nicht immer die Empfänglichkeit dafür sich bewahren. Der Mensch ist auch ein thätiges Wesen; er muss wegen dieser Anlage und wegen der mannigfachen Bedürfnisse des menschlichen Lebens sich dem Geschäft und der Arbeit unterziehn; aber der Geist verlangt nach Erholung und kann nicht fortwährend die Last der Sorgen und Anstrengungen ertragen. Die Natur scheint daher ein gemischtes Leben als das dem Menschen angemessenste zu bezeichnen; sie warnt ihn, sich keiner dieser Neigungen zu sehr hinzugeben und dadurch die Fähigkeit für andere Beschäftigungen und Vergnügen einzubüssen.

> „Folge deinem Trieb nach Wissen“, spricht sie, „aber dein Wissen bleibe menschlich und in Verbindung mit dem Leben und dem Handeln; ich verbiete nutzlose Gedanken und grüblerische Untersuchungen; ihre Strafe sei das trübsinnige Grübeln, zu dem sie dich führen, die endlose Ungewissheit, in die sie dich verwickeln, und die Kälte, mit der deine angeblichen Entdeckungen bei deren Mitteilung aufgenommen werden. Sei ein Philosoph, aber bleibe mitten in all deiner Philosophie ein Mensch.“

Begnügte man sich, die leichte Philosophie der eindringendem und tiefern Philosophie vorzuziehn, ohne letztere zu tadeln oder zu verachten, so möchte diese allgemeine Ansicht immer zulässig sein und Jedem freistehen, sich nach seinem Geschmack und Sinne zu unterhalten. Aber man geht oft weiter und verwirft schlechthin jede tiefere Untersuchung oder sogenannte Metaphysik. Wir wollen daher das in Betracht ziehn, was für sie spricht.

Der nächste erhebliche Vorteil der strengen und tiefer eindringenden Philosophie ist ihre Unterstützung der leichten und gemeinfasslichen, welche ohne jene in ihren Begriffen, Grundsätzen und Beweisen niemals den erforderlichen Grad von Genauigkeit erreichen kann. Alle schönen Wissenschaften sind nur Schilderungen des menschlichen Lebens in seinen mannichfachen Zuständen und Verhältnissen; sie erfüllen uns nach der Beschaffenheit der von ihnen gebotenen Gegenstände mit verschiedenen Gefühlen, z. B. des Lobes oder Tadels, der Bewunderung oder des Spottes. Ein Künstler kann auf grössern Erfolg für sein Werk rechnen, wenn er nicht bloss feinen Geschmack und schnelle Auffassung besitzt, sondern auch eine genaue Kenntnis der innern Werkstatt, der Thätigkeiten des Verstandes, der Wirkungen der Leidenschaften und der verschiedenen Empfindungen, durch die sich Laster und Tugend unterscheiden. Wenn auch diese innern Nachforschungen und Untersuchungen mühsam werden, so sind sie doch für denjenigen gewissermassen unentbehrlich, welcher mit Erfolg die äusseren und sichtbaren Erscheinungen des Lebens und der Sitten beschreiben will. Der Anatom zeigt dem Auge die hässlichsten und unangenehmsten Gegenstände, aber seine Wissenschaft nützt dem Maler selbst bei einer Venus oder Helena. Während dieser die üppigsten Farben seiner Kunst benutzt und seinen Gestalten die zierlichsten und reizendsten Stellungen giebt, muss er immer dabei den innern Bau des menschlichen Körpers beachten und die Stellung der Muskeln, die Einrichtung der Knochen und den Gebrauch und die Gestalt jedes Teils und Organs kennen. Genauigkeit dient immer der Schönheit, und richtiges Denken der zarten Empfindung. Es ist vergeblich, das Eine auf Kosten des Andern heben zu wollen.

Ausserdem zeigt sich in jeder Kunst und jedem Geschäft, selbst in solchen, die dem Leben und Handeln am nächsten stehen, dass der Geist der Genauigkeit, wie er auch erworben sei, sie alle der Vollkommenheit näher bringt und den Interessen der Gesellschaft dienlicher macht. Mag daher der Philosoph auch Geschäften fernbleiben, so muss doch der Geist der Philosophie, wenn er von

Einzelnen sorgsam gepflegt wird, allmählich die ganze Gesellschaft durchdringen und in jede Kunst und jeden Beruf eine ähnliche Genauigkeit einführen. Der Staatsmann wird in Teilung und Ausgleichung der politischen Gewalten vorsichtiger und scharfsichtiger werden; der Rechtsgelehrte wird für seine Ausführungen mehr Methode und schärfere Gründe gewinnen, und der Feldherr mehr Regelmässigkeit für seinen Dienst und mehr Vorsicht in seinen Plänen und Unternehmungen. Die Festigkeit in modernen Staaten in Vergleich zu den alten, und die Schärfe der modernen Philosophie sind in gleichem Grade gewachsen, und dies wird auch in der Zukunft stattfinden.

Selbst wenn keine andere Frucht aus diesen Studien reifte, als die Befriedigung einer unschuldigen Wissbegierde, so wäre auch dies nicht zu verachten; denn sie vermehrt jene wenigen heilsamen und harmlosen Freuden, welche dem Menschengeschlecht zugeteilt sind. Der sanfteste und unschädlichste Gang dieses Lebens führt durch die Pfade der Wissenschaft und Erkenntnis; Jeder, der ein Hindernis von diesen Pfaden wegräumt oder eine neue Aussicht eröffnet, muss als ein Wohlthäter der Menschen gelten. Diese Untersuchungen mögen peinlich und ermüdend sein; aber es verhält sich hier mit dem Geiste, wie mit dem Körper; sind sie mit Kraft und üppiger Gesundheit ausgerüstet, so verlangen sie nach anstrengenden Übungen und finden ihr Vergnügen in dem, was den meisten Menschen schwer und mühevoll erscheint. Die Dunkelheit ist für den Geist so schmerzlich wie für das Auge; aber Licht der Dunkelheit abzuzwingen, sei diese Arbeit auch noch so schwer, muss notwendig erfreulich und ergötzend sein.

Man hat indes diese Dunkelheit der tiefern und eindringendern Philosophie nicht bloss als peinlich und ermüdend getadelt, sondern auch als eine unvermeidliche Quelle des Schwankens und Irrens dargestellt. Darin liegt allerdings der gerechteste und einleuchtendste Vorwurf gegen einen grossen Teil der metaphysischen Untersuchungen, dass man sagt, sie seien nicht wahre Wissenschaft, sondern entweder das Ergebnis nutzloser Anstrengungen menschlicher Eitelkeit, welche in Gegenstände eindringen will, die dem Verstand unzugänglich sind, oder das Werk eines listigen Aberglaubens, welcher auf ebenem Boden sich nicht verteidigen kann, und deshalb in dieses verworrene Gestrüpp sich verkriecht, um seine Blösse zu decken und zu schützen. Verjagt vom freien Felde, fliehen diese Räuber in den Wald und liegen auf der Lauer, um durch jeden unbewachten Zugang in den Geist einzubrechen und ihn durch religiöse Furcht und Vorurteile zu überwältigen. Der stärkste Gegner wird besiegt, wenn er einen Augenblick in seiner Wachsamkeit nachlässt, und Viele öffnen aus Feigheit und Thorheit den Feinden die Thore und empfangen sie freiwillig mit Ehrfurcht und Unterwürfigkeit als ihre legitimen Herrscher.

Ist dies indes ein hinreichender Grund für den Philosophen, um von solchen Untersuchungen abzustehen und den Aberglauben in den Besitz seiner Schlupfwinkel zu lassen? Folgt daraus nicht umgekehrt die Notwendigkeit, dass man den Kampf in die geheimsten Schlupfwinkel des Feindes übertragen muss? Vergeblich ist die Hoffnung, dass der Mensch durch häufige Täuschungen endlich zum Verlassen dieser luftigen Forschungen bestimmt werden und das wahre Gebiet der menschlichen Vernunft entdecken werde. Denn abgesehen davon, dass viele an der steten Wiederaufnahme solcher Fragen ein zu lebhaftes Interesse nehmen, so darf doch auch blinde Verzweiflung vernünftiger Weise in den Wissenschaften nie als Beweggrund gelten, da trotz der Erfolglosigkeit früherer Versuche immer Raum für die Hoffnung bleibt, dass die Anstrengung, das gute Glück und der gesteigerte Scharfblick der folgenden Generationen zu Entdeckungen gelangen werde, die der Vorzeit unerreichbar waren. Jeder kühne Geist wird den schwierigen Preis zu gewinnen suchen, und das Fehlgehen seiner Vorgänger wird ihn eher reizen als entmutigen; er hofft, dass ihm allein der Ruhm aufbewahrt sei, eine so schwere Aufgabe zu lösen. Das einzige Mittel, um die Wissenschaft mit einem Male von diesen nutzlosen Versuchen zu befreien, ist, die Natur des menschlichen Verstandes streng zu untersuchen und durch eine genaue Erforschung seiner Kräfte und Fähigkeiten zu zeigen, dass er für solche entlegene und verborgene Gegenstände durchaus nicht geeignet ist. Man muss sich dieser Arbeit unterziehn, um nachher in Ruhe zu leben, und man muss die wahre Metaphysik mit Sorgfalt treiben, um die unwahre und verfälschte zu zerstören. Die Trägheit, welche Manchen vor dieser trügerischen Philosophie bewahrt, wird bei Anderen durch die Wissbegierde überwogen; und die Verzweiflung, die zu manchen Zeiten hervorbricht, weicht ein andermal übertriebenen Hoffnungen und Erwartungen. Genaues und richtiges Denken ist hier das einzige und allgemein giltige Heilmittel für Jedermann und alle Verhältnisse; es kann allein jene unverständliche Philosophie und das metaphysische Kauderwälsch entfernen, welches jene, untermischt mit dem Volksaberglauben, für unbefangene Forscher undurchdringlich macht und ihr den Schein von Wissenschaft und Weisheit verleiht.

Neben dem Vorteile, dass man nach sorgfältiger Untersuchung sich des unsichersten und lästigsten Teiles der Gelehrsamkeit entledigt, gehn aus einer sorgfältigen Prüfung der Kräfte und Fähigkeiten der menschlichen Natur auch viele positive Vorteile hervor. Die geistigen Thätigkeiten haben das Merkwürdige, dass sie, obgleich am innigsten uns gegenwärtig, doch in Dunkelheit gehüllt scheinen, wenn das Nachdenken sich auf sie richtet. Das Auge kann nicht leicht die Linien und Grenzen erkennen, welche sie sondern und unterscheiden. Diese Gegenstände sind zu fein, um lange denselben Anblick und dieselbe Lage zu bieten; sie müssen augenblicklich erfasst werden, mittelst einer höhern Einsicht, welche Naturgabe ist und durch Übung und Nachdenken sich steigert. Es ist deshalb schon eine beträchtliche Aufgabe der Wissenschaft, die verschiedenen Thätigkeiten des Verstandes kennen zu lernen, die einen von den andern zu sondern, sie in die passenden Abteilungen zu bringen und die anscheinende Verwirrung zu lösen, in welcher sie sich befinden, wenn sie zum Gegenstande der Untersuchung und des Nachdenkens gemacht werden. Dieses Ordnen und Unterscheiden, was in bezug auf äussere Dinge, den Gegenständen der Sinne, kein Verdienst ist, steigt im Werte, wenn es sich auf diese Gegenstände des Verstandes richtet, und zwar im Verhältnis zur Schwierigkeit und Mühe, welche der Ausführung anhaftet. Sollte man auch nicht über diese geistige Geographie und Abgrenzung der verschiedenen Teile und Kräfte der Seele hinauskommen, so gewährt schon dies Genugthuung. Je selbstverständlicher solche Wissenschaft erscheinen mag (aber sie ist es durchaus nicht), desto grössere Schande trifft die, welche sie nicht kennen, und doch auf Gelehrsamkeit und Philosophie Anspruch machen.

Auch bleibt kein Raum für den Argwohn, dass diese Wissenschaft unsicher und chimärisch sei; man müsste denn an einer Zweifelsucht festhalten, welche alles Nachdenken und selbst alles Handeln zerstört. Man kann nicht bestreiten, dass der Verstand mit verschiedenen Kräften und Fähigkeiten ausgestattet ist, die sich streng von einander unterscheiden; dass das, was in der unmittelbaren Wahrnehmung wirklich verschieden ist, durch Nachdenken unterschieden werden kann, und dass daher Wahrheit und Irrtum an allen Fragen dieses Gebietes haftet, und zwar eine Wahrheit und ein Irrtum, die nicht jenseit des Bereichs des menschlichen Verstandes liegen. Es giebt viele naheliegende Unterscheidungen dieser Art, wie zwischen Wille und Verstand, Phantasie und Leidenschaften, welche von jedem menschlichen Wesen begriffen werden. Die feineren und philosophischeren Unterscheidungen sind nicht weniger wirklich und gewiss, wenn sie auch schwerer zu fassen sind. Einzelne, namentlich neuerliche Erfolge bei diesen Untersuchungen können einen besseren Begriff von der Gewissheit und Festigkeit in diesem Gebiet der Erkenntnis gewähren. Sollte es denn eine würdige Aufgabe für einen Philosophen sein, das wahre System der Planeten festzustellen und die Ordnung und die Stellung dieser fernen Körper zu ermitteln, während man die Männer nicht beachtet, welche mit so viel Erfolg die Gebiete der Seele erforschen, wobei doch Jedermann so innig beteiligt ist?

Weshalb sollte man nicht hoffen, dass die Philosophie bei sorgfältiger Pflege, und ermutigt durch die öffentliche Aufmerksamkeit, in ihren Untersuchungen immer weiter kommen und einigermassen die verborgenen Triebfedern und Kräfte entdecken werde, welche die menschliche Seele in ihrer Thätigkeit stützen und leiten? Die Astronomen hatten sich lange begnügt, aus den sichtbaren Erscheinungen die wahre Bewegung, Ordnung und Grösse der Himmelskörper zu beweisen, bis sich endlich ein Philosoph erhob, welcher durch glückliches Nachdenken auch die Gesetze und Kräfte bestimmte, durch welche der Lauf der Planeten geleitet und in Ordnung gehalten wird. Das Gleiche ist in andern Gebieten der Natur vollbracht worden. Und man hat keinen Grund, an einem gleichen Erfolg bei den Untersuchungen der Kräfte und der Einrichtungen der Seele zu verzweifeln, wenn mit gleicher Fähigkeit und Vorsicht vorgegangen wird. Es ist wahrscheinlich, dass die eine Kraft und das eine Gesetz in der Seele von einem andern abhängt, welches wieder auf höhere und allgemeinere zurückgeführt werden kann, und vor, ja selbst nach einem sorgfältigen Versuch wird es schwer sein, genau zu bestimmen, wie weit man mit solchen Untersuchungen gelangen könne. Sicherlich werden solche Versuche tagtäglich, selbst von denen gemacht, welche am oberflächlichsten philosophieren, doch nichts ist notwendiger für den Eintritt in ein solches Unternehmen als die höchste Sorgfalt und Aufmerksamkeit, damit, wenn das Ziel im Bereich des menschlichen Verstandes liegt, es endlich erreicht werde, und wo nicht, mit Zuversicht und Sicherheit aufgegeben werden könne.

Dieses letztere Resultat ist sicherlich nicht wünschenswert und darf nicht zu voreilig angenommen werden. Denn wie viel müsste die Schönheit und der Wert dieser Art der Philosophie einbüssen bei solch einer Voraussetzung. In der Moral suchte man bisher gegenüber der grossen Mannigfaltigkeit und Verschiedenheit der Handlungen, welche Billigung oder Missbilligung hervorrufen, nach irgend einem allgemeinen Grundsatz, von dem der Unterschied der Gesinnungen sich ableitete. Und obgleich man aus Liebhaberei für Prinzipien dies oft zu weit getrieben hat, so verdient es doch sicherlich Entschuldigung, wenn gewisse allgemeine Regeln gesucht werden, auf die sich alle Laster und Tugenden mit Grund zurückführen lassen. Ähnliches hat man in der Kunst, in der Logik, in der Staatswissenschaft versucht, und zwar nicht ohne Erfolg, obgleich vielleicht nur längere Zeit, grössere Sorgfalt und ausharrenderer Fleiss diese Wissenschaften ihrer Vollkommenheit näher bringen kann. Wollte man mit einemmale all diese Versuche abweisen, so wäre dies sicherlich voreiliger, unüberlegter und eigenwilliger, als die dreisteste und absprechendste Philosophie, welche je ihre rohen Gebote und Grundsätze den Menschen aufzudringen versucht hat.

Wenn aber diese Untersuchungen über die menschliche Natur zu hoch und unverständlich erscheinen, so darf man dies doch nicht als einen Grund für ihre Unwahrheit geltend machen. Es scheint vielmehr natürlich, dass das nicht so augenfällig und leicht sein kann, was bisher so vielen weisen und gründlichen Philosophen entgangen ist. Trotz aller Mühe, welche diese Untersuchungen uns kosten sollten, werden wir uns wohl in bezug auf Nutzen, wie Annehmlichkeit für hinreichend belohnt halten, wenn wir damit den Vorrat von Kenntnissen über Gegenstände von so unsäglicher Wichtigkeit etwas vermehren könnten.

Trotz alledem bleibt das tiefere Denken, in welchem solche Untersuchungen sich bewegen, keine Empfehlung, sondern eher ein Nachteil für sie. Vielleicht kann diese Schwierigkeit durch Sorgfalt und Geschick und durch Vermeidung aller überflüssigen Ausführlichkeit überwunden werden. Und so habe ich in der folgenden Untersuchung einiges Licht über Dinge zu verbreiten gesucht, deren Unsicherheit den Weisen, und deren Dunkelheit den Unwissenden bisher zurückgeschreckt hat. Wohl mir, wenn es mir gelingt, die Trennung der beiden Arten zu philosophieren dadurch zu beseitigen, dass ich die Gründlichkeit mit der Klarheit, und die Wahrheit mit der Neuheit verbinde.

Noch glücklicher würde es mich machen, wenn ich durch solche leichtere Weise der Behandlung die Grundlagen jener dunklen Philosophie erschüttern könnte, welche bisher nur dem Aberglauben als Schutz und dem Unsinn und Irrtum als Deckmantel gedient hat.

Abteilung II.

Über den Ursprung der Vorstellungen.

Jedermann wird einräumen, dass ein erheblicher Unterschied zwischen den Vorstellungen der Seele besteht, je nachdem man den Schmerz einer ausserordentlichen Hitze oder das Vergnügen einer massigen Wärme fühlt, oder je nachdem man diese Empfindung nur nachher in das Gedächtnis zurückruft oder im Voraus sich vorstellt. Diese Vermögen können die Wahrnehmungen der Sinne nachahmen oder nachbilden, aber sie können niemals die ganze Kraft und Lebhaftigkeit der ursprünglichen Empfindung erreichen. Man kann von ihnen, selbst bei ihrer stärksten Äusserung, höchstens sagen, dass sie ihren Gegenstand in so lebhafter Weise darbieten, dass man beinahe meint, ihn zu fühlen oder zu sehen. Aber niemals können sie, Fälle der Geistesstörung durch Krankheit oder Irrsinn abgerechnet, einen solchen Grad von Lebhaftigkeit annehmen, dass man diese Vorstellungen nicht von einander zu unterscheiden vermöchte. Der Dichter kann selbst mit den glänzendsten Farben seiner Kunst einen Naturgegenstand nicht so ausmalen, dass man seine Beschreibung für eine wirkliche Landschaft hält. Der lebhafteste Gedanke erreicht hier die dunkelste Empfindung nicht.

Ein gleicher Unterschied zieht sich durch alle anderen Vorstellungen der Seele. Ein Mensch, der von Zorn ergriffen ist, benimmt sich ganz anders, als der, welcher nur an einen solchen Affekt denkt. Wenn man mir sagt, dass Jemand verliebt ist, so verstehe ich es leicht und bilde mir eine richtige Vorstellung von seinem Zustande; aber ich kann niemals diese Vorstellung mit den wirklichen Neigungen und Aufregungen dieser Leidenschaft verwechseln. Denkt man an vergangene Empfindungen und Erregungen, so ist der Gedanke ein treuer Spiegel, der seinen Gegenstand genau wiedergiebt; aber die benutzten Farben sind blass und matt in Vergleich zu denen, in welche die ursprünglichen Empfindungen gekleidet waren. Es bedarf keines Scharfsinns und keines metaphysischen Geistes, um den Unterschied zwischen beiden anzugeben.

Man kann deshalb alle Vorstellungen der Seele in zwei Klassen oder Arten teilen, die sich durch den verschiedenen Grad von Stärke und Lebhaftigkeit unterscheiden. Die wenigst starken und lebhaften nennt man gewöhnlich Gedanken oder Vorstellungen. Für die andere Art hat die englische wie die meisten anderen Sprachen kein Wort; wahrscheinlich, weil, von philosophischen Zwecken abgesehen, das Bedürfnis fehlte, sie unter einem allgemeinen Ausdruck oder Namen zu befassen. Ich nehme mir die Freiheit, sie Eindrücke zu nennen, indem ich dies Wort in einem von dem gewöhnlichen etwas abweichenden Sinne gebrauche. Mit dem Worte Eindruck meine ich also alle unsere lebhaften Zustände, wenn wir hören oder sehen oder fühlen, hassen oder wünschen oder wollen. Die Eindrücke bilden den Gegensatz zu den Vorstellungen, welche jene weniger lebhaften Zustände bezeichnen, deren man sich bewusst ist, wenn man an eines jener obigen Gefühle oder Erregungen zurückdenkt.

Nichts erscheint auf den ersten Blick so schrankenlos, als das menschliche Denken; es entzieht sich nicht allein aller menschlichen Macht und Autorität, sondern überschreitet auch die Grenzen der Natur und der Wirklichkeit. Ungeheuer zu bilden und widerstreitende Gestalten und Erscheinungen zu verbinden, kostet der Einbildungskraft nicht mehr Mühe, als die Vorstellung des natürlichsten und bekanntesten Gegenstandes. Während der Körper auf einen Planeten beschränkt ist, auf dem er mühsam und schwerfällig herumkriecht, kann das Denken uns in einem Augenblick in die entferntesten Gegenden des Weltalls tragen; ja selbst darüber hinaus in das grenzenlose Chaos, wo die Natur in gänzlicher Verwirrung liegen soll. Was man nie gesehen oder gehört, kann man sich doch vorstellen; kein Ding ist der Macht der Gedanken entzogen, mit Ausnahme dessen, was einen unbedingten Widerspruch einschliesst.

Obgleich indes unsere Gedanken diese unbegrenzte Freiheit zu besitzen scheinen, zeigen sie sich doch bei näherer Untersuchung in Wahrheit in sehr enge Grenzen eingeschlossen. All die schöpferische Kraft der Seele ist nichts weiter, als die Fähigkeit, den durch die Sinne und die Erfahrung gewonnenen Stoff zu verbinden, umzustellen, zu vermehren oder zu vermindern. Wenn wir uns ein goldenes Gebirge vorstellen, so verbinden wir nur zwei nebeneinander bestehende Vorstellungen, Gold und Gebirge, die uns von früher bekannt sind. Ein tugendhaftes Pferd kann man sich denken, weil man die Tugend aus seinen eigenen Gefühlen kennt; man verbindet sie mit der Gestalt und dem Aussehen eines Pferdes, was ein bekanntes Tier ist. Kurz, aller Stoff des Denkens ist von äusseren oder inneren Wahrnehmungen abgeleitet; nur die Mischung und Verbindung gehört dem Geist und dem Willen; oder, um mich philosophisch auszudrücken, alle unsere Vorstellungen oder schwächeren Empfindungen sind Nachbilder unserer Eindrücke oder lebhafteren Empfindungen.

Zum Beweise dessen werden hoffentlich die zwei nachstehenden Gründe ausreichen. Erstlich finden wir bei der Zerlegung unserer Gedanken und Vorstellungen, wenn sie auch noch so verwickelt und erhaben sind, immer, dass sie sich in solche einfache Vorstellungen auflösen, welche das Abbild eines schon vorhandenen Gefühls oder Empfindens sind. Selbst die Vorstellungen, welche bei dem ersten Blick am weitesten von diesem Ursprung entfernt scheinen, zeigen sich bei näherer Untersuchung als daraus abgeleitet. Die Vorstellung von Gott, welche ein allwissendes, weises und gutes Wesen bezeichnet, bildet sich aus den Vorstellungen von unseren geistigen Thätigkeiten und aus der Steigerung dieser Eigenschaften der Güte und Weisheit ins Grenzenlose. Man mag diese Untersuchung noch so weit fortführen; immer wird man finden, dass jede Vorstellung bei ihrer Prüfung sich als Abbild eines entsprechenden Eindrucks darstellt. Die Gegner, welche diesen Satz nicht allgemein und ohne Ausnahme zulassen wollen, haben eine, und zwar leichte Art, ihn zu widerlegen; sie mögen eine Vorstellung beibringen, welche nach ihrer Meinung nicht aus dieser Quelle geschöpft ist. Dann wird es mir zur Verteidigung meiner Ansicht obliegen, den Eindruck oder die lebhafte Vorstellung aufzuweisen, welche ihr zu Grunde liegt.

Wenn zweitens ein Mensch wegen eines organischen Fehlers für eine Art von Empfindung nicht empfänglich ist, so ergiebt sich, dass er dann auch ebenso wenig die Vorstellung davon fassen kann. Ein Blinder kann keine Vorstellung von Farben, ein Tauber kann keine von Tönen sich bilden. Wenn Jeder den ihm fehlenden Sinn zurück erhält, so ist mit der Öffnung dieses neuen Kanals für seine Empfindungen auch ein Kanal für seine Vorstellungen eröffnet, und es ist ihm leicht, die betreffenden Bestimmungen sich vorzustellen.

Ebenso verhält es sich, wenn ein Gegenstand, der eine Empfindung bewirkt, noch niemals auf das Organ gewirkt hat. Ein Lappländer oder Neger hat keinen Begriff von dem Weingeschmack. Dasselbe gilt, wenn auch in geringerem Grade, wenn Jemand eine seiner Gattung eigentümliche Empfindung oder Leidenschaft nie gefühlt hat oder deren unfähig ist; obgleich solche Fälle geistiger Gebrechen selten oder niemals vorkommen. Ein gutmütiger Mensch kann sich keine Vorstellung von eingewurzelter Grausamkeit und Rache machen, und ein selbstsüchtiges Herz kann sich nicht leicht die höchsten Opfer der Freundschaft und des Edelmuts vorstellen. Man giebt zu, dass andere Wesen Sinne haben mögen, von denen wir keinen Begriff haben, weil uns die Vorstellung davon nie auf dem Wege zugeführt worden ist, durch den sie allein in die Seele eintreten kann, d. h. durch wirkliches Fühlen und Empfinden.

Es giebt indes eine dem entgegenstehende Erscheinung, welche die Möglichkeit beweisen könnte, dass Vorstellungen auch unabhängig von den ihnen entsprechenden Eindrücken entstehen können. Man wird sofort zugeben, dass die verschiedenen Vorstellungen der Farben, welche durch das Auge eintreten, oder die der Töne, welche das Ohr zuführt, von einander wirklich unterschieden und zu gleicher Zeit einander ähnlich sind. Ist dies von verschiedenen Farben richtig, so muss es auch von verschiedenen Schattierungen derselben Farbe gelten. Jede Schattierung erzeugt eine bestimmte Vorstellung, welche von den übrigen unabhängig ist. Wollte man dies leugnen, so könnte man durch eine allmähliche Abstufung der Schattierung eine Farbe unmerklich in die ihr geradezu entgegengesetzte umwandeln. Will man keinen Unterschied für die Mittelfarben anerkennen, so muss man dasselbe auch für die Extreme gelten lassen, wenn man sich nicht widersprechen soll. Man nehme nun einen Menschen, der dreissig Jahre lang sein Gesicht gehabt und mit allen Arten von Farben bekannt geworden ist, ausgenommen eine einzige Schattierung z. B. von Blau, welche er zufällig niemals gesehen hat. Wenn man diesem nun alle Schattierungen dieser Farbe, mit Ausnahme dieser einen, vorlegt, die allmählich von der dunkelsten zur hellsten ansteigen, so wird er offenbar eine Lücke bei dieser fehlenden Schattierung bemerken, und er wird empfinden, dass hier die nächsten Farben mehr von einander abstehen, als sonst wo. Ich frage nun, ob es ihm möglich sein wird, aus seiner Einbildungskraft diese fehlende zu ergänzen und sich die Vorstellung von dieser besonderen Schattierung zu bilden, obgleich seine Sinne sie ihm niemals zugeführt haben? Ich glaube, nur Wenige werden sagen, dass er es nicht könne.

Dies kann als ein Beweis gelten, dass die blossen Vorstellungen nicht immer und überall von ihren entsprechenden Eindrücken sich ableiten. Indes ist dieser Fall so vereinzelt, dass er kaum Beachtung verdient, und ich brauche seinetwegen den allgemeinen Grundsatz nicht zu ändern.

Hier ist also ein Satz, der nicht allein in sich einfach und verständlich ist, sondern der auch, bei richtiger Anwendung jede Streitfrage verständlich macht und all jenes Kauderwelsch beseitigt, welches seit lange die metaphysischen Untersuchungen beherrscht und widerwärtig gemacht hat. Alle Vorstellungen, insbesondere die begrifflichen, sind von Natur matt und dunkel; die Seele hat nur einen schwachen Halt für sie; sie werden leicht mit anderen, verwandten

Vorstellungen verwechselt; hat man oft ein Wort gebraucht, ohne einen bestimmten Sinn damit zu verbinden, so bildet man sich zuletzt ein, dass eine bestimmte Vorstellung daran geknüpft sei. Umgekehrt sind alle Eindrücke, d. h. alle Empfindungen, sowohl äussere wie innere, stark und lebhaft; ihre Unterschiede treten bestimmter hervor, und man kann bei ihnen nicht leicht irren oder sie verwechseln. Hat man daher Verdacht, dass ein philosophischer Ausdruck ohne einen bestimmten Sinn oder Begriff gebraucht werde (was nur zu häufig geschieht), so möge man nur fragen: Von welchem Eindruck ist diese angebliche Vorstellung abgeleitet? Kann ein solcher nicht nachgewiesen werden, so wird dies den Verdacht bestätigen. Indem ich die Vorstellungen hiermit in ein so klares Licht gestellt habe, ist damit hoffentlich aller Streit beseitigt, welcher sich über ihre Natur und Wirklichkeit erheben könnte.

Abteilung III.

Über die Verbindung der Vorstellungen.

Offenbar besteht eine Regel für die Verknüpfung verschiedener Gedanken oder Vorstellungen der Seele; bei ihrem Eintritt in die Erinnerung oder Phantasie führt die eine die andere nach einer gewissen Methode und Regelmässigkeit mit sich. Bei ernstem Nachdenken oder Sprechen ist dies so auffallend, dass jeder ungehörige Gedanke, welcher die regelmässige Folge oder Kette der Vorstellungen unterbricht, sofort bemerkt und zurückgewiesen wird. Aber auch in den wildesten und schwärmerischsten Träumereien, ja selbst bei wirklichen Träumen zeigt die Beobachtung, dass die Einbildungskraft nicht ganz abenteuerlich sich bewegt, sondern dass zwischen den verschiedenen Vorstellungen, welche sich folgten, immer eine Verknüpfung bestand. Könnte man das loseste und ungebundenste Geschwätz gleich niederschreiben, so würde man sofort bemerken, dass bei allen Sprüngen doch etwas da war, was sie verknüpfte. Sollte dies nicht der Fall sein, so wird die Person, welche den Faden der Unterhaltung abbrach, immer angeben können, dass in ihrer Seele eine Folge von Gedanken statt gehabt, welche sie allmählich von dem Gegenstand der Unterhaltung abgeführt hat. In verschiedenen Sprachen, selbst da, wo nicht die geringste Verbindung oder ein gegenseitiger Einfluss vorausgesetzt werden kann, zeigen Worte, welche sehr verwickelte Vorstellungen bezeichnen, doch grosse Übereinstimmung; ein sicherer Beweis, dass die einfachen, darin enthaltenen Vorstellungen durch ein gewisses allgemeines Gesetz verknüpft worden sind, welches seinen Einfluss bei jedem Menschen übt.

Obgleich diese Verbindung verschiedener Vorstellungen zu augenfällig ist, um nicht bemerkt zu werden, so hat doch kein Philosoph, so viel ich weiss, versucht, diese Gesetze der Verbindung sämtlich aufzusuchen und zu ordnen; und doch ist der Gegenstand von Interesse.

Nach meiner Ansicht bestehen nur drei Gesetze der Gedankenverbindung; sie sind: die Ähnlichkeit, die Berührung in Zeit oder Raum und die Ursächlichkeit.

Dass diese drei Gesetze zur Verbindung der Gedanken dienen, werden, glaube ich, Wenige bezweifeln. Ein Gemälde führt unsere Gedanken ganz natürlich auf das Original (Ähnlichkeit); die Erwähnung eines Zimmers in einem Hause führt ganz natürlich die Gedanken oder das Gespräch auf das andere Zimmer (Berührung); und wenn man an eine Wunde denkt, so kann man es kaum verhindern, dass man nicht auch an die Schmerzen denkt, die ihr folgen (Ursache und Wirkung).

Dagegen ist der Beweis für die Vollständigkeit dieser Aufzählung, und dass keine weiteren Gesetze daneben für die Gedankenverbindung bestehen, sowohl in bezug auf des Lesers, als für die eigene Überzeugung, schwer zu führen. Alles, was man in solchen Fällen thun kann, ist, die verschiedenen Einzelfälle durchzugehen, genau die Gesetze zu erforschen, welche in ihnen die mehreren Gedanken verbinden, und dabei das Gesetz so allgemein als möglich zu machen.

So ist z. B. der Kontrast oder Gegensatz auch eine Verknüpfung der Vorstellungen; doch kann man ihn auch als eine Mischung von Ursächlichkeit und Ähnlichkeit nehmen. Wo zwei Dinge einander entgegengesetzt sind, zerstört eines das andere; d. h. die Ursache seiner Zerstörung und die Vorstellung der Zerstörung eines Gegenstandes schliessen die Vorstellung seines früheren Daseins ein.

Je mehr solche Fälle man prüft, und je mehr Sorgfalt man anwendet, desto mehr wird man sich überzeugen, dass die von mir gegebene Aufzählung alles umfasst und vollständig ist.

Abteilung IV.

Skeptische Zweifel in Betreff der Thätigkeiten des Verstandes.

Abschnitt I.

Alle Gegenstände des menschlichen Denkens und Forschens zerfallen von Natur in zwei Klassen, nämlich in Beziehungen der Vorstellungen und in Thatsachen. Zur ersten Klasse gehören die Wissenschaften der Geometrie, Algebra und Arithmetik; mit einem Wort: jeder Satz von anschaulicher oder beweiskräftiger Gewissheit. Dass das Quadrat der Hypothenuse gleich ist den Quadraten der beiden Seiten, ist ein Satz, welcher die Beziehung zwischen diesen Figuren ausdrückt. Dass dreimal fünf gleich ist der Hälfte von Dreissig drückt eine Beziehung zwischen diesen Zahlen aus. Sätze dieser Klasse können durch die reine Thätigkeit des Denkens entdeckt werden, ohne von irgend einem Dasein in der Welt abhängig zu sein. Wenn es auch niemals einen Kreis oder Dreieck in der Natur gegeben hätte, so würden doch die von Euklid dargelegten Wahrheiten für immer ihre Gewissheit und Beweiskraft behalten.

Thatsachen, der zweite Gegenstand der menschlichen Erkenntnis, werden nicht in derselben Weise festgestellt, und unsere Überzeugung von ihrer Wahrheit, so gross sie auch sei, ist doch nicht von derselben Art, wie bei der ersten. Das Gegenteil einer Thatsache bleibt immer möglich; denn es ist niemals ein Widerspruch; es kann von der Seele mit derselben Leichtigkeit und Bestimmtheit vorgestellt werden, als wenn es genau mit der Wirklichkeit übereinstimmte. Dass die Sonne morgen nicht aufgehen werde, ist ein ebenso verständlicher und widerspruchsfreier Satz als die Behauptung: dass sie aufgehen werde. Man würde vergeblich den Beweis ihrer Unwahrheit versuchen. Könnte man sie beweislich widerlegen, so müsste sie einen Widerspruch enthalten und könnte gar nicht deutlich von der Seele vorgestellt werden.

Es ist deshalb von wissenschaftlichem Interesse, die Natur der Gewissheit zu untersuchen, welche uns von der wirklichen Existenz und von Thatsachen überzeugt, so weit sie über das vorhandene Zeugnis unserer Sinne oder die Angaben unseres Gedächtnisses hinausgeht. Dieser Teil der Philosophie ist, wie man findet, sowohl bei den Alten wie bei den Neueren nur wenig gepflegt worden; man wird deshalb unsere Zweifel und Irrtümer bei der Verfolgung einer so wichtigen Untersuchung um so mehr entschuldigen, als der Weg auf sehr schwierige Pfade führt, wo Richtung und Führer fehlen. Diese Zweifel können selbst nützlich werden, weil sie die Wissbegierde wecken und jenen unbedingten Glauben und jene Sicherheit zerstören, welche das Gift alles Forschens und aller freien Untersuchung ist. Wenn in der herkömmlichen Philosophie Mängel bestehen und entdeckt werden, so darf, nach meiner Meinung, dies nicht entmutigen, sondern muss vielmehr antreiben, etwas Vollständigeres und Genügenderes zu erreichen, als man bis jetzt dem Publikum geboten hat.

Alles Schliessen in bezug auf Thatsachen scheint sich auf die Beziehung von Ursache und Wirkung zu gründen. Nur durch diese Beziehung allein können wir über das Zeugnis unseres Gedächtnisses und unserer Sinne hinauskommen. Wenn man einen Menschen fragt, weshalb er eine Thatsache, die nicht gegenwärtig ist, glaubt, z. B. dass sein Freund auf dem Lande oder in Frankreich ist, so wird er einen Grund angeben, und dieser Grund wird irgend eine andere Thatsache enthalten, etwa einen Brief, den er von ihm empfangen hat, oder die Kenntnis seiner früheren Entschlüsse und Zusagen. Wenn man auf einer wüsten Insel eine Uhr oder eine andere Maschine findet, so wird man schliessen, dass einmal Menschen dort gewesen sind. Alle unsere Folgerungen in bezug auf Thatsachen sind von derselben Beschaffenheit; es wird hier beständig vorausgesetzt, dass zwischen der gegenwärtigen Thatsache und der auf sie gestützten eine Verknüpfung besteht. Bände sie nichts zusammen, so wäre der Schluss ganz willkürlich. Hört man in der Dunkelheit eine artikulierte Stimme und ein vernünftiges Gespräch, so vergewissert uns dies von der Gegenwart einer Person. Weshalb? weil jene die Wirkungen menschlicher Beschaffenheit und eng mit dieser verknüpft sind. Untersucht man alle anderen Schlüsse dieser Art, so wird man finden, dass sie sich auf die Beziehung von Ursache und Wirkung stützen, und dass diese Beziehung bald nahe, bald entfernt, bald hinter einander, bald gleichzeitig statt hat. Hitze und Licht sind gleichzeitige Wirkungen des Feuers, und man kann von dem einen richtig auf das andere schliessen.

Will man daher in bezug auf die Natur der Gewissheit über Thatsachen etwas Befriedigendes erreichen, so muss man untersuchen, wie man zur Kenntnis von Ursache und Wirkung gelangt.

Ich wage es als einen allgemeinen und ausnahmslosen Satz hinzustellen, dass die Kenntnis dieser Beziehung in keinem Falle durch ein Denken a priori erreicht wird, sondern dass sie lediglich aus der Erfahrung stammt, durch die sich ergiebt, dass einzelne Gegenstände beständig mit einander verbunden sind. Man gebe einem Manne von noch so gutem Verstande und Fähigkeiten einen Gegenstand, der ihm ganz neu ist, und er wird selbst bei der genauesten Untersuchung seiner sinnlichen Eigenschaften nicht im stande sein, eine seiner Ursachen oder Wirkungen zu entdecken. Adam, von dem man annimmt, dass seine Verstandeskräfte anfänglich ganz vollkommen waren, konnte doch aus der Durchsichtigkeit und Flüssigkeit des Wassers nicht schliessen, dass es ihn ersticken würde; ebenso wenig aus dem Licht und der Wärme des Feuers, dass es ihn verzehren würde. Kein Gegenstand entdeckt durch die Eigenschaften, welche den Sinnen sich bieten, die Ursachen, welche ihn hervorgebracht haben, und die Wirkungen, welche aus ihm entstehen werden, und unsere Vernunft kann ohne Hülfe der Erfahrung keinen Schluss auf das wirkliche Dasein und auf Thatsachen machen.

Dieser Satz, dass die Ursachen und Wirkungen nicht durch die Vernunft, sondern nur durch Erfahrung erkennbar sind, wird leicht für solche Gegenstände zugestanden werden, die, wie wir uns erinnern, uns einmal ganz unbekannt waren; denn man ist sich bewusst, dass man da gänzlich unfähig war, irgend vorher zu sagen, was aus ihnen entstehen werde. Man gebe einem Menschen, der keine Kenntnis von der Physik hat, zwei geglättete Marmorplatten, und er wird nimmer entdecken, dass sie in der Weise miteinander zusammenhängen können, dass ihre Trennung in gerader Linie grosse Kraft erfordert, während sie der seitlichen Verschiebung nur geringen Widerstand entgegenstellen. Von solchen Vorgängen, welche mit dem gewöhnlichen Laufe der Natur wenig Ähnlichkeit haben, räumt man auch bereitwillig ein, dass man sie nur durch Erfahrung kennen lernen kann, und niemand bildet sich ein, dass die Gewalt des entzündeten Pulvers oder die Anziehung eines Magneten jemals durch Gründe a priori hätte entdeckt werden können.

Ebensowenig bestreitet man bei Wirkungen, welche von einer verwickelten Maschinerie oder von einer geheimen Zusammenstellung der Teile abhängen, dass man die Kenntnis derselben nur der Erfahrung verdankt. Wer will behaupten, dass er den letzten Grund angeben könne, weshalb Milch und Brot ein passendes Nahrungsmittel für den Menschen, aber nicht für den Bären oder Tiger sei?

Diese Wahrheit hat aber anscheinend nicht die gleiche Augenscheinlichkeit bei Vorgängen, mit denen wir seit unserem Eintreten in die Welt vertraut geworden sind, welche mit dem ganzen Lauf der Natur grosse Ähnlichkeit haben, und die vermeintlich nur von einfachen Eigenschaften der Dinge abhängen und nicht von einem verborgenen Zusammenhange der Teile. Hier meint man, durch die blosse Thätigkeit des Verstandes, ohne Hilfe der Erfahrung, die Wirkungen entdecken zu können. Man meint, dass, wäre man plötzlich in die Welt gestellt worden, man sofort hätte schliessen können, dass eine Billardkugel durch Stoss einer anderen ihre Bewegung mitteile, und dass man nicht nötig gehabt, auf den Erfolg zu warten, um dies mit Sicherheit aussprechen zu können. So stark ist die Macht der Gewohnheit; gerade da, wo sie am grössten ist, verdeckt sie nicht bloss unsere natürliche Unwissenheit, sondern verbirgt auch sich selbst; sie scheint nicht vorhanden zu sein, gerade weil sie im höchsten Masse besteht.

Aber die folgenden Betrachtungen werden vielleicht genügend zeigen, dass alle Naturgesetze und alle Wirkungen der Körper ohne Ausnahme lediglich durch die Erfahrung erkannt werden. Wenn ein Gegenstand uns gebracht wird, und wir sollen die von ihm ausgehende Wirkung angeben, ohne frühere Beobachtungen zu Rate zu ziehen, so frage ich, wie soll der Verstand hierbei verfahren? Er muss sich eine Folge ausdenken oder erfinden, welche er der Sache als Wirkung zuschreibt, es ist aber klar, dass ein solches Verfahren nur ganz willkürlich sein kann. Der Verstand vermag unmöglich die Wirkung in der angenommenen Ursache zu finden, selbst bei der genauesten Untersuchung und Prüfung. Denn die Wirkung ist von der Ursache ganz verschieden und kann deshalb niemals in dieser aufgefunden werden. Die Bewegung der zweiten Billardkugel ist ein ganz anderer Vorgang, als die Bewegung der ersten, und es ist nichts in der einen, was den leisesten Wink für die andere gäbe. Ein in die Höhe gehobener Stein oder Metallklumpen fällt sofort, wenn man die Stütze wegnimmt; kann man aber, betrachtet man die Sache a priori, irgend etwas dabei entdecken, was die Vorstellung von einer Bewegung nach unten eher erzeugen könnte, als die nach oben oder nach der Seite?

Und wie bei allen Naturvorgängen die Vorstellung oder Erfindung einer bestimmten Wirkung ohne vorherige Rückfrage bei der Erfahrung willkürlich bleibt, so muss man dies auch von dem angenommenen Band oder der Verknüpfung zwischen Ursache und Wirkung, welche sie aneinander bindet und es unmöglich macht, dass eine andere Wirkung aus der Wirksamkeit dieser Ursache hervorgehen kann, halten. Wenn ich z. B. eine Billardkugel sich gerade gegen eine andere bewegen sehe, so mag mir vielleicht der Gedanke kommen, dass die Bewegung der zweiten das Ergebnis der Berührung oder des Stosses sei; aber kann ich nicht ebenso gut hundert andere Wirkungen aus dieser Ursache voraussetzen? Könnten beide Kugeln nicht in völliger Ruhe bleiben? Kann die erste Kugel sich nicht gerade zurück bewegen oder in irgend einer Richtung seitlich von der zweiten abspringen? Alle diese Annahmen sind möglich und denkbar. Weshalb soll man da der einen den Vorzug vor der anderen geben, die ebenso möglich und denkbar ist wie jene? Alle unsere Gründe a priori können uns nie einen Anhalt für einen solchen Vorzug bieten.

Kurz, jede Wirkung ist von ihrer Ursache verschieden; sie kann deshalb in dieser nicht gefunden werden, und jede Erfindung oder Vorstellung derselben a priori muss völlig willkürlich bleiben. Und selbst wenn die Wirkung genannt ist, bleibt ihre Verbindung mit der Ursache gleich willkürlich, weil es eine Menge anderer Wirkungen giebt, welche dem Verstande ebenso möglich und denkbar erscheinen. Es ist deshalb vergeblich, wenn man meint, ohne Hilfe der Beobachtung und Erfahrung irgend eine Wirkung bestimmen und eine Ursache oder eine Folge ableiten zu können.

Daher kommt es, dass kein vorsichtiger und bescheidener Philosoph es je unternommen hat, die letzte Ursache von irgend einem Naturvorgang anzugeben oder die Wirksamkeit derjenigen Kraft bestimmt darzulegen, welche in der Welt eine Wirkung herbeiführt. Alles, was anerkanntermassen die Vernunft vermag, ist, die Grundursachen der Naturerscheinungen auf eine grössere Einfachheit zurückzuführen und die vielen besonderen Wirkungen aus wenigen allgemeinen Ursachen abzuleiten, und zwar mit Hilfe der Analogie, Erfahrung und Beobachtung. Aber die Ursachen dieser allgemeinen Ursachen entdecken zu wollen, ist vergeblich, und keine Erklärung derselben wird hier zufriedenstellen. Die letzten Kräfte und Prinzipien sind der menschlichen Wissbegierde und Forschung gänzlich verschlossen. Elastizität, Schwere, Zusammenhang der Teile, Mitteilung der Bewegung durch Stoss sind vielleicht die letzten Ursachen und Prinzipien, die man in der Natur entdecken kann, und man muss sich glücklich schätzen, wenn durch sorgfältige Untersuchung und Überlegung die besonderen Erscheinungen sich bis auf diese allgemeinen Prinzipien oder bis nahe zu ihnen zurückführen lassen. Die vollkommenste Naturwissenschaft schiebt nur unsere Unwissenheit ein wenig weiter zurück, und ebenso dient vielleicht die vollkommenste Philosophie nur dazu, grössere Stücke von unserer Unwissenheit bloss zu legen. So ist die Erkenntnis menschlicher Schwäche und Blindheit das Ergebnis aller Philosophie; bei jeder Wendung treffen wir auf sie, trotz aller Versuche, sie zu beseitigen oder zu umgehen.

Selbst wenn die Naturwissenschaft die Geometrie zu Hilfe nimmt, kann diese, trotz der mit Recht gepriesenen Schärfe ihrer Beweise, diesen Mangel nicht beseitigen und die Kenntnis der letzten Ursachen nicht verschaffen. Jeder Teil der angewandten Mathematik setzt für ihre Wirksamkeit gewisse Naturgesetze als gültig voraus, und das reine Denken dient nur, um der Erfahrung bei der Auffindung dieser Gesetze zu helfen oder deren Einfluss in den einzelnen Fällen, wo dieser von einer genauen Bestimmung der Entfernung oder Grösse abhängt, zu bestimmen. So ist es ein durch Erfahrung entdecktes Gesetz der Bewegung, dass sich die Kraft eines jeden in Bewegung seienden Körpers aus dem Verhältnisse seiner Masse und seiner Schnelligkeit zusammensetzt; und folglich wird eine sehwache Kraft auch ein grosses Hindernis überwinden oder eine grosse Last heben, wenn man durch irgend eine Einrichtung oder Maschinerie die Schnelligkeit dieser Kraft so vergrössern kann, dass sie die Übermacht über ihren Gegner erhält. Die Geometric hilft bei Anwendung dieses Gesetzes; sie giebt die richtigen Masse für alle Teile und Gestalten, die für irgend eine Maschine nötig sind; aber die Entdeckung des Gesetzes selbst verdankt man doch nur der Erfahrung, und alles reine Denken der ganzen Welt hätte nie einen Schritt weiter zur Kenntnis desselben geführt. Bei dem blossen Denken a priori und bei dem blossen Betrachten eines Gegenstandes oder einer Ursache, wie sie dem Verstande erscheint, ohne Rücksicht auf Erfahrung, kann nie der Begriff eines unterschiedenen oder anderen Gegenstandes gewonnen werden, der als seine Wirkung gelten müsse; noch weniger, dass beide untrennbar und ausnahmslos verknüpft seien. Der Mensch müsste wunderbar scharfsinnig sein, der durch blosses Denken entdecken könnte, dass die Krystalle die Wirkung der Hitze, und das Eis die Wirkung der Kälte seien, ohne vorher mit der Wirksamkeit dieser Bestimmungen bekannt zu sein.

Abschnitt II.

Bis hier ist indes noch keine genügende Antwort auf die im Anfang gestellte Frage gewonnen worden. Jede Lösung erweckt neue Fragen, so schwierig wie die früheren, und treibt zu weiteren Nachforschungen. Auf die Frage: Was ist das Wesen aller unserer Schlüsse in bezug auf Thatsachen? erscheint als richtige Antwort, dass sie sich auf die Beziehung von Ursache und Wirkung gründen. Auf die weitere Frage: Was ist die Grundlage aller Beweise und Schlüsse betreffs dieser Beziehung? kann man mit dem einen Wort Erfahrung die Antwort geben. Fragt man aber in solcher sichtenden Stimmung weiter: Was ist die Grundlage von allen Schlüssen aus der Erfahrung? so trifft dies einen schwer zu lösenden und zu erklärenden Punkt. Philosophen mit der Miene höherer Weisheit und Selbstbewusstsein bestehen eine harte Probe, wenn sie auf Personen treffen, die gern fragen, und die sie aus jedem Winkel, in den sie sich zurückziehen, wieder aufjagen, sicher, sie zuletzt in ein gefährliches Entweder-Oder zu drängen. Der beste Schutz gegen solche Verlegenheit ist Bescheidenheit in unseren Ansprüchen; man lege lieber selbst die Schwierigkeit dar, ehe man sie sich vorhalten lässt. Dadurch kann man sogar seine Unwissenheit zu einer Art von Verdienst erheben.

Ich werde mich in diesem Abschnitt auf ein leichtes Geschäft beschränken und nur eine negative Antwort auf die gestellte Frage geben. Ich sage, dass selbst nachdem man die Erfahrung von der Wirksamkeit der Ursachen und Wirkungen gewonnen hat, die Schlüsse aus dieser Erfahrung sich nicht auf Vernunft oder einen Vorgang innerhalb des Denkens stützen. Diese Antwort habe ich zu erläutern und zu verteidigen.

Man muss zugestehen, dass die Natur uns von ihren Geheimnissen fern hält und uns nur die Kenntnis einiger äusserlichen Eigenschaften der Dinge verstattet, während sie uns die Kräfte und Prinzipien verbirgt, von denen die Wirksamkeit der Dinge abhängt. Unsere Sinne belehren uns über die Farbe, das Gewicht und den Stoff des Brotes; aber weder die Sinne noch die Vernunft können uns über die Eigenschaften belehren, welche es für die Ernährung und Unterhaltung des menschlichen Körpers geschickt machen. Das Gefühl und das Gesicht geben eine Vorstellung von der wirklichen Bewegung der Körper; aber von der wunderbaren Kraft oder Macht, welche einen bewegten Körper immer in einer steten Veränderung des Ortes erhält, und welche ein Körper nur durch Mitteilung an andere verliert, kann man sich nicht die entfernteste Vorstellung machen. Aber trotz dieser Unkenntnis der natürlichen Kräfte. Die schärfere Bestimmung desselben würde den Beweis dieses Grundes noch steigern. und Prinzipien setzt man bei Wahrnehmung gleicher Eigenschaften immer die gleichen verborgenen Kräfte voraus und erwartet den Eintritt von Wirkungen, welche den früher wahrgenommenen gleichen. Wenn eine Sache von gleicher Farbe und Beschaffenheit mit dem früher gegessenen Brode uns geboten wird, so wiederholen wir ohne Bedenken den Versuch und erwarten mit Gewissheit gleiche Ernährung und Erhaltung. Dieser Vorgang in der Seele oder im Denken ist es, von dem ich die Begründung kennen lernen möchte. Jedermann gesteht zu, dass man keine Verknüpfung zwischen den sinnlichen Eigenschaften und den geheimen Kräften kennt, und dass deshalb die

Seele durch nichts, was sie von deren Natur kennt, veranlasst wird, eine solche regelmässige und bestimmte Verbindung zwischen denselben anzunehmen. Was frühere Erfahrung anlangt, so kann man einräumen, dass sie unmittelbare und gewisse Auskunft genau über die Gegenstände und den Zeitpunkt, die sie umfasste, giebt; weshalb soll aber diese Erfahrung auch auf die Zukunft und auf andere Dinge ausgedehnt werden, die so viel, wie wir wissen, jenen nur in der äusseren Erscheinung gleichen? Dies ist die erste Frage, die ich stelle. Das früher verzehrte Brot hat mich ernährt, d. h. ein Körper von diesen sinnlichen Eigenschaften war zu dieser Zeit mit dieser verborgenen Kraft ausgerüstet; folgt aber daraus, dass ein anderes Brot, zu anderer Zeit, mich ebenfalls ernähren muss und dass die gleichen sinnlichen Eigenschaften mit gleichen geheimen Kräften immer verbunden sind? Diese Folge ist durchaus nicht notwendig; wenigstens muss man anerkennen, dass hier eine Folgerung besteht, die von dem Verstande gezogen wird; dass hier ein Schritt gethan wird, ein Vorgang im Denken und eine Schlussart besteht, welche der Erklärung bedarf. Die zwei Sätze sind durchaus nicht dieselben: Ich habe gefunden, dass dieses Ding immer mit dieser Wirkung verbunden gewesen ist; und: Ich sehe voraus, dass andere, scheinbar ähnliche Dinge mit ähnlichen Wirkungen verbunden sein werden. Ich erkenne, wenn man will, an, dass der eine Satz von dem anderen richtig abgeleitet werden mag, ich weiss auch, dass diese Ableitung thatsächlich geschieht; wenn man aber behauptet, dass diese Ableitung durch eine Kette von Gründen geschieht, so möchte ich diese Gründe kennen lernen. Die Verbindung zwischen beiden Sätzen ist nicht anschaulicher Art; es ist ein Mittelglied notwendig, welches den Verstand zur Ziehung eines solchen Schlusses befähigt, wenn er überhaupt auf Vernunft und Gründen beruhen soll. Nun gestehe ich, was dieses Mittelglied ist, übersteigt meine Begriffe; man soll es mir zeigen, wenn man behauptet, dass es wirklich bestehe, und der Ursprung aller unserer Schlüsse über Thatsachen sei. Dieser verneinende Einwand wird sicherlich allmählich überzeugend werden, wenn scharfsinnige und geschickte Philosophen ihre Untersuchung auf diesen Punkt richten und Keiner ein Gesetz der Verknüpfung, oder einen vermittelnden Schritt wird nachweisen können, auf welche der Verstand bei dieser Folgerung sich stützt. Da indes diese Frage noch eine neue ist, so wird nicht jeder Leser seinem Scharfsinn soweit vertrauen, um anzunehmen, dass ein Grund nicht bestehe, weil er ihn nicht finden kann. Es wird deshalb nötig sein, noch eine schwierigere Aufgabe zu wagen und durch Aufzählung aller Zweige des menschlichen Wissens zu zeigen, dass Keiner einen solchen Grund beschaffen kann.

Alle Schlüsse zerfallen in zwei Arten, nämlich in beweisende, die Verbindung von Begriffen betreffend, und in wahrscheinliche (moralische), Thatsachen und Existenz betreffend. Dass in unserm Falle kein beweisender Schluss vorliegt, scheint offenbar; denn es ist kein Widerspruch darin, dass der Naturlauf wechsele, und dass ein Ding, welches anscheinend einem früher durch Erfahrung bekannten gleicht, mit anderen oder entgegengesetzten Wirkungen sein könne. Kann ich mir nicht klar und deutlich vorstellen, dass ein Ding, was aus den Wolken fällt und überall sonst dem Schnee gleicht, doch wie Salz schmeckt und wie Feuer brennt? Ist etwas verständlicher als die Behauptung, dass alle Bäume im Dezember und Januar blühen und im Mai und Juni kahl werden? Nun enthält aber das, was man verstehen und deutlich vorstellen kann, keinen Widerspruch in sich und kann niemals a priori durch einen Beweis oder eine begriffliche Folgerung widerlegt werden.

Wenn uns daher Gründe veranlassen, früheren Erfahrungen zu vertrauen und sie zum Massstab unseres Urteils über Kommendes zu nehmen, so können diese Gründe nur Wahrscheinlichkeit haben, oder solche sein, welche sich, nach der obigen Einteilung, auf Thatsachen und wirkliches Dasein beziehen. Aber einen Grund dieser Art kann es nicht geben, wenn meine Erklärung über diese Art der Begründung als zuverlässig und genügend erscheint. Es ist bereits dargelegt worden, dass alle Beweise in Betreff der Existenz sich auf die Beziehung von Ursache und Wirkung stützen; dass unsere Kenntnis von dieser Beziehung sich lediglich aus der Erfahrung ableitet, und dass alle unsere Erfahrungsschlüsse von der Voraussetzung ausgehen, dass das Kommende dem Vergangenen gleichen werde. Ein Beweis des letzten Satzes, der sich auf die Wahrscheinlichkeit und Existenz-Gründe stützt, dreht sich daher offenbar im Zirkel und nimmt das für zugestanden an, was den Kern der Frage bildet.

Alle Erfahrungsbeweise gründen sich in Wahrheit auf die Ähnlichkeit, welche man zwischen Naturgegenständen bemerkt, und welche ähnliche Wirkungen wie die erwarten lässt, welche man früher als Folge von solchen Gegenständen bemerkt hat. Obgleich nun nur ein Narr oder ein Wahnsinniger das Ansehen der Erfahrung in Zweifel ziehen oder diesen grossen Führer durch das menschliche Leben von sich weisen wird, so wird man doch einem Philosophen die Frage nach dem Prinzip der menschlichen Natur gestatten, welches der Erfahrung dieses mächtige Ansehen giebt und Nutzen aus der Ähnlichkeit ziehen lässt, welche die Natur zwischen verschiedenen Gegenständen stattfinden lässt. Von ähnlichen Ursachen erwartet man ähnliche Wirkungen. Darauf laufen alle

Erfahrungsbeweise hinaus. Stützte sich nun dieser Schluss auf die Vernunft, so müsste er bei dem ersten Male und für einen Fall ebenso vollkommen gelten, als nach einer langen Reihe von Einzelfällen; aber dies ist durchaus nicht so. Nichts gleicht sich so wie Eier; aber niemand erwartet wegen dieser anscheinenden Ähnlichkeit denselben Wohlgeschmack bei allen. Nur nach einer langen Reihe gleichförmiger Vorgänge irgend einer Art erreichen wir in Beziehung auf einen bestimmten Fall Gewissheit und Vertrauen. Worin ist nun das Verfahren der Vernunft, welches von einem Fall einen ganz anderen Schluss zieht als von hundert Fällen, die in keiner Weise von jenem Einzelnen unterschieden sind? Ich stelle diese Frage vielmehr der Belehrung als der Schwierigkeit wegen. Solch ein Verfahren der Vernunft kann ich nicht finden, noch mir vorstellen. Aber mein Ohr steht jeder Belehrung offen, die mir jemand zu geben vermag.

Sagt man, dass wir aus einer Anzahl gleicher Versuche eine Verknüpfung der sinnlichen Eigenschaften mit geheimen Kräften folgern, so scheint mir dies dieselbe Schwierigkeit zu sein, nur in andere Worte gehüllt. Immer kehrt die Frage nach der Schlussart wieder, auf die sich diese Folgerung gründet. Wo ist das Mittelglied, der zwischenliegende Gedanke, welcher so weit getrennte Sätze verbindet? Man giebt zu, dass die Farbe, die Masse und die übrigen sinnlichen Eigenschaften des Brotes nicht aus sich selbst eine Verknüpfung mit den verborgenen Kräften der Ernährung und Erhaltung zu haben scheinen; denn sonst könnte man diese Kräfte aus der ersten Erscheinung dieser sinnlichen Eigenschaften abnehmen ohne Hilfe der Erfahrung, was gegen die Ansicht aller Philosophen und gegen die klaren Thatsachen streitet. Hier zeigt sich nun unser natürlicher Zustand der Unwissenheit rücksichtlich der Kräfte und Wirkungen aller Dinge. Wie hilft die Erfahrung ihr ab? Sie zeigt uns bloss eine Anzahl gleichförmiger Wirkungen von gewissen Dingen und lehrt uns, dass diese einzelnen Dinge in der bestimmten Zeit mit solcher Kraft ausgerüstet waren. Kommt ein neues Ding, mit gleicher sinnlichen Eigenschaft, so erwartet man die gleiche Kraft mit gleicher Wirkung. Von einem Körper gleicher Farbe und Bestandteile wie Brot erwartet man gleiche Ernährung und Erhaltung. Allein ein solcher Schritt, ein solches Verfahren des Verstandes bedarf sicherlich der Erklärung. Wenn jemand sagt: Ich habe in allen früheren Fällen solche sinnliche Eigenschaften mit solchen verborgenen Kräften verbunden gefunden, und wenn jemand sagt: Gleiche sinnliche Eigenschaften werden immer mit gleichen verborgenen Kräften verbunden sein, so sagt er nicht dasselbe, und beide Sätze sind nicht identisch. Man erwidert: Der eine ist von dem andern abgeleitet; aber man muss entgegnen, dass diese Ableitung nicht wahrgenommen und nicht bewiesen werden kann. Welcher Art ist sie also? Nennt man sie Erfahrung, so ist dies keine Lösung. Denn alle Erfahrungsbeweise ruhen auf der Grundlage, dass das Kommende dem Vergangenen gleichen werde, und das gleiche Kräfte mit gleichen sinnlichen Eigenschaften verbunden sein werden. Entstünde ein Verdacht, dass der Lauf der Natur sich ändern könne, und dass das Vergangene keine Regel für das Kommende sein werde, so würde alle Erfahrung nutzlos und diente zu keiner Folgerung oder Ableitung. Keine Erfahrung kann deshalb diese Gleichheit zwischen Kommendem und Vergangenem beweisen; denn alle Beweise stützen sich auf die Annahme dieser Gleichheit. Wenn auch der Lauf der Dinge bisher noch so regelmässig gewesen ist, so beweist dies für sich allein und ohne einen neuen Grund nicht, dass dies auch in Zukunft so sein werde. Man irrt, wenn man meint, die Natur der Dinge aus vergangenen Fällen erkannt zu haben. Ihre verborgene Natur und folglich alle ihre Wirkungen können sich ändern, ohne dass ihre sinnlichen Eigenschaften wechseln. In einzelnen Fällen und bei einzelnen Dingen geschieht dies; weshalb kann es nicht immer und für alles geschehen? Welche Logik, welcher Beweis spricht gegen diese Annahme? Man sagt: Deine Handlungsweise widerlegt deine Zweifel. Aber dies trifft nicht den Sinn der Frage. Als Handelnder bin ich in diesem Punkt ganz zufriedengestellt; aber als Philosoph mit etwas Wissbegierde, wo nicht Zweifelsucht, verlange ich nach dem Grunde dieser Ableitung. Kein Buch, kein Nachdenken hat bis jetzt die Schwierigkeit heben oder mich in einem so wichtigen Punkte zufriedenstellen können. Was kann ich Besseres thun, als die Frage dem Publikum vorlegen, obgleich ich wenig Hoffnung habe, sie gelöst zu bekommen. Wir werden auf diese Weise wenigstens unserer Unwissenheit inne, wenn wir auch unser Wissen nicht vermehren.

Es ist gewiss eine unverzeihliche Anmassung, zu behaupten, dass ein Beweisgrund deshalb nicht bestehe, weil er der eigenen Forschung bisher entgangen ist. Ebenso voreilig würde es sein, deshalb, weil alle Gelehrten in verschiedenen Zeiten vergeblieh einen Gegenstand zu erforschen suchten, zu folgern, dass dieser alle menschliche Fassungskraft übersteige. Selbst wenn man alle Quellen unseres Wissens untersucht und sie für diesen Gegenstand ungeeignet findet, so bleibt doch das Bedenken, ob die Aufzählung vollständig, oder ob die Untersuchung erschöpfend gewesen. In Beziehung auf die vorliegende Frage bieten sich indes einige Erwägungen, welche diesen Vorwurf der Anmassung und den Zweifel, ob man sich nicht irre, wohl beseitigen.

Es ist Thatsache, dass die unwissendsten und dümmsten Bauern, ja die Kinder, ja selbst die unvernünftigen Tiere durch Erfahrung klüger werden und die Eigenschaften der natürlichen Dinge durch Beobachtung ihrer Wirkungen kennen lernen. Wenn ein Kind den Schmerz aus der Berührung eines brennenden Lichtes gefühlt hat, so wird es sorgfältig seine Hände von der Flamme fern halten, denn es erwartet die gleiche Wirkung von einer Ursache mit gleichen Eigenschaften und gleichem Äusseren. Meint man, dass der Verstand des Kindes auf diesen Schluss durch einen Beweis oder eine Thätigkeit der Vernunft geführt werde, so bitte ich, mir diesen Beweis darzulegen; eine so billige Frage wird man nicht abweisen können. Man darf nicht einwenden, dass der Gegenstand schwierig sei und sieh der Nachforschung entziehe, wenn man anerkennt, dass die Fähigkeit eines Kindes dafür hinreicht. Wenn man daher zaudert und sich besinnt und dann eine verwickelte oder dunkele Auseinandersetzung beibringt, so giebt man die Sache verloren und erkennt an, dass kein Vernunftschluss uns bestimmt, um anzunehmen, dass das Vergangene dem Kommenden gleichen werde, und dass gleiche Wirkungen aus äusserlich gleichen Ursachen hervorgehen werden. Dies ist der Satz, den ich in diesem Abschnitt habe hervorheben wollen. Habe ich Recht, so will ich damit nicht behaupten, etwas Grosses entdeckt zu haben; habe ich Unrecht, so muss ich mich selbst für einen sehr ungelehrigen Schüler halten, weil ich einen Beweisgrund nicht finden kann, der mir dem Anscheine nach doch schon ganz geläufig war, noch ehe ich die Wiege verliess.

Abteilung V.

Skeptische Lösung dieser Zweifel.

Abschnitt I.

Die eifrige Beschäftigung mit der Philosophie zielt, wie die mit der Religion, auf Verbesserung unserer Sitten und Vertilgung der Laster ab; aber bei einem unvorsichtigen Verfahren kann sie leicht irre führen, eine vorherrschende Neigung verstärken und die Seele noch entschiedener nach der Richtung hindrängen, wohin schon das Übergewicht und der Hang des natürlichen Temperaments zu stark hinzieht. Während man nach der grossherzigen

Sicherheit eines philosophischen Weisen strebt und seine Genüsse ausschliesslich auf die geistigen zu beschränken versucht, kann man aus unserer Philosophie nur zu leicht, wie Epiktet und die Stoiker zeigen, ein verfeinertes System des Egoismus machen und sich selbst aus aller Tugend und allen geselligen Freuden herausvernünfteln. Während man aufmerksam die Eitelkeit des menschlichen Lebens erforscht und alles Denken auf die eitle und vergängliche Natur des Reichtums und der Ehre richtet, schmeichelt man vielleicht immittels der eigenen natürlichen Trägheit, welche den Lärm der Welt und die Plage mit Geschäften hasst und nach einem vernünftigen Vorwand sucht, um sich ganz unbeschränkt gehen zu lassen. Indes giebt es eine Art von Philosophie, welche diesem Fehler weniger ausgesetzt ist, weil sie sich keiner ungezügelten Leidenschaft der Seele fügt und sich keiner natürlichen Neigung oder Vorliebe hingiebt. Dies ist die akademische oder skeptische Philosophie. Der Akademiker spricht immer vom Zweifel, vom Zurückhalten des Urteils, von der Gefahr voreiliger Entschlüsse, von enger Begrenzung der Untersuchungen des Verstandes und von Abweisung aller Spekulationen, die nicht innerhalb der Grenzen des gewöhnlichen Lebens und Handelns sich halten. Nichts widerspricht jener lässigen Trägheit des Geistes, jenen voreiligen Anmassungen, jenen stolzen Ansprüchen und jenem abergläubischen Vertrauen mehr als diese Philosophie. Sie unterdrückt jede Leidenschaft, mit Ausnahme der Liebe zur Wahrheit, und diese Leidenschaft ist und kann nie auf einen zu hohen Grad getrieben werden. Man muss sich deshalb wundern, dass diese Philosophie, die beinah überall harmlos und unschuldig auftritt, zum Gegenstand so vieler grundlosen Vorwürfe und Nachreden gemacht worden ist. Vielleicht ist gerade ihre Unbefangenheit das, was sie hauptsächlich dem öffentlichen Hass und Widerwillen aussetzt. Da sie den ungezügelten Leidenschaften nicht schmeichelt, so gewinnt sie keine Freunde; da sie sich vielen Lastern und Thorheiten entgegenstellt, so erweckt sie eine Menge Feinde gegen sich, die sie als freigeisterisch, weltlich und gottlos brandmarken.

Man braucht auch nicht zu fürchten, dass diese Philosophie, welche unsere Untersuchung auf das gewöhnliche Leben zu beschränken sucht, die Grundlagen dieses Lebens unterwühlen, und dass sie ihre Zweifel so weit treiben könnte, um alles Handeln wie Forschen zu zerstören. Die Natur wird immer ihr Recht behaupten und zuletzt die abstrakten Betrachtungen jeder Art überwinden. Obgleich man z. B. nach dem Früheren anerkennen muss, dass in allen von der Erfahrung ausgehenden Schlüssen die Verunft einen Schritt thut, welcher durch keinen Beweis oder aus dem Denken entlehnten Grund gerechtfertigt werden kann, so hat es doch keine Gefahr, dass solche Schlüsse, auf denen beinahe alle Kenntnis beruht, durch diese Entdeckung erschüttert würden. Wird der Verstand nicht durch Beweise zu diesem Schritt bestimmt, so muss es durch ein anderes Prinzip von gleichem Gewicht und Ansehen geschehen, und dieses Prinzip wird seinen Einfluss bewahren, so lange die menschliche Natur sich nicht ändert. Welches Prinzip dies sei, dies zu ermitteln, lohnt sich gewiss der Mühe.

Man nehme an, ein Mensch an Verstand und Überlegung vorzüglich ausgestattet trete plötzlich in die Welt. Er würde sofort eine stetige Folge von Dingen und Ereignissen wahrnehmen, aber nichts weiter. Er würde durch kein Überlegen die Vorstellung von Ursache und Wirkung sogleich gewinnen können; weil die Kräfte, durch welche alle Naturvorgänge sich vollziehn, den Sinnen sich nicht darbieten, und ebensowenig ist ein Grund zu der Annahme da, dass blos deshalb, weil ein Umstand dem andern vorhergeht, der eine die Ursache, der andere die Wirkung sei. Ihre Verbindung kann beliebig und zufällig sein; es ist kein Grund vorhanden, von der Erscheinung des einen auf das Eintreten des andern zu schliessen; kurz, ein solcher Mensch ohne weitere Erfahrung würde nie Vermutungen oder Folgerungen über Thatsachen anstellen und mehr für gewiss halten können, als was seinen Sinnen oder seiner Erinnerung unmittelbar gegenwärtig wäre.

Man setze nun, dass er mehr Erfahrung gewonnen habe, und dass er so lange in der Welt gelebt habe, um zu bemerken, dass ähnliche Dinge oder Vorgänge immer mit einander verbunden sind, was folgt aus dieser Erfahrung? Er schliesst sofort von der Erscheinung des einen auf das Eintreten des andern. Dennoch hat er mit all seiner Erfahrung keine Vorstellung oder Kenntnis von den geheimen Kräften gewonnen, durch welche das eine das andere hervorbringt. Auch ist er durch kein Verfahren seiner Vernunft genötigt, diesen Schluss zu ziehen; dennoch findet er sich bestimmt, ihn zu ziehen, und obgleich er überzeugt ist, dass diese Vernunft keinen Teil an diesem Schliessen hat, so wird er doch in dieser Weise zu denken verharren. Es besteht also ein anderes Prinzip, was ihn zu dieser Folgerung bestimmt.

Dieses Prinzip ist die Gewohnheit oder Übung. Überall, wo die Wiederholung einer einzelnen Handlung oder Wirkung eine Neigung auf Wiederholung dieser Handlung oder Wirkung erweckt, ohne dass irgend ein Vernunftgrund dazu bestimmte, nennt man diese Neigung die Wirkung der Gewohnheit. Mit diesem

Wort will ich nicht gerade die letzte Ursache für diese Neigung angegeben haben; ich bezeichne nur ein Prinzip der menschlichen Natur, was allgemein anerkannt wird, und das durch seine Wirkung wohl bekannt ist. Es ist möglich, dass man die Forschung nicht weiter treiben und die Ursache von dieser Ursache nicht ermitteln kann; dass man also damit, als dem äussersten Prinzip, auf welches alle Erfahrungsschlüsse sich zurückführen lassen, sich begnügen muss. Man kann froh sein, dass man so weit kommt, und braucht sich über die Schranken unserer Fähigkeiten nicht zu betrüben; denn sie bringen uns nicht weiter. Und sicherlich haben wir hiermit einen wenigstens sehr verständlichen, wenn nicht auch wahren Satz aufgestellt, wenn wir behaupten, dass man in Folge der beständigen Verbindung zweier Dinge, wie Hitze und Flamme, Gewicht und Masse, durch Gewohnheit bestimmt werde, mit Eintritt des einen das andere zu erwarten. Diese Voraussetzung löst allein die Schwierigkeit, weshalb wir von tausend gleichen Fällen einen Schluss ziehen, den wir von einem nicht ziehen können, obgleich er in keiner Beziehung von jenen sich unterscheidet. Die Vernunft ist eines so verschiedenen Verfahrens nicht fähig. Die Folgerungen, die sie aus der Betrachtung eines Kreises zieht, sind dieselben, die sie aus der Prüfung aller Kreise der Welt ziehen würde. Aber kein Mensch, der nur einmal gesehen hat, wie der Stoss eines Körpers einen andern in Bewegung setzt, kann schliessen, dass jeder andere Körper bei gleichem Stosse sich ebenfalls bewegen werde. Alle Schlüsse auf Grund der Erfahrung sind deshalb Wirkungen der Gewohnheit und nicht des Verstandes.

Die Gewohnheit ist daher der grosse Führer im Leben. Dieses Prinzip allein macht unsere Erfahrung uns nützlich und lässt uns in der Zukunft einen gleichen Lauf der Ereignisse erwarten, wie in der Vergangenheit geschehen. Ohne die Kraft der Gewohnheit wären wir über alle Thatsachen unwissend, die nicht den Sinnen oder der Erinnerung gegenwärtig sind. Wir würden nie die Mittel den Zwecken anpassen, noch unsere natürlichen Kräfte zur Hervorbringung einer Wirkung gebrauchen können. Alles Handeln sowohl, wie der grösste Theil der Forschungen hätte ein Ende.

Hier ist indes die Bemerkung am Orte, dass unsere Folgerungen aus der Erfahrung uns zwar über die Erinnerung und Wahrnehmung hinausführen und uns Gewissheit von Dingen geben, die in den entferntesten Orten oder frühesten Zeiten sich zugetragen haben; allein irgend eine Thatsache muss immer den Sinnen oder dem Gedächtnis gegenwärtig sein, von der bei Ziehung dieser Schlüsse auszugehen ist. Wenn Jemand in einer Wüste die Überbleibsel prachtvoller Bauwerke antrifft, so wird er schliessen, dass das Land in alten Zeiten von einem zivilisierten Volke bewohnt worden ist; hätte er aber nichts der Art angetroffen, so hätte er nie einen solchen Schluss machen können. Wir erfahren die Ereignisse früherer Zeit durch die Geschichte, aber zu dem Ende müssen wir die Bücher lesen, in denen diese Belehrung enthalten ist, und von da mit unsern Schlüssen von einem Zeugnis zu dem andern fortschreiten, bis wir zu den Augenzeugen und Zuschauern dieser fernen Ereignisse gelangen. Kurz, wenn man nicht von einer den Sinnen oder dem Gedächtnis gegenwärtigen Thatsache ausgeht, so bleiben unsere Folgerungen reine Voraussetzungen; wenn auch die einzelnen Glieder gut miteinander verbunden sind, so wird doch die ganze Schlusskette von nichts getragen, und man kann durch sie niemals zur Kenntnis eines wirklich Seienden gelangen. Wenn ich dich frage, weshalb du die Thatsache, welche du erzählst, glaubst, so musst du mir einen Grund angeben, und dieser Grund wird eine andere Thatsache sein, die mit ihr verknüpft ist. Da dies aber nicht ohne Ende fortgehen kann, so musst du endlich mit einer Thatsache endigen, welche dem Gedächtnis oder den Sinnen gegenwärtig ist, oder du musst einräumen, dass dein Glaube ohne allen Grund ist.

Was ist nun das Ergebnis von alledem? Ein einfacher Satz, der allerdings den gewöhnlichen Lehren der Philosophie ziemlich fern steht. Aller Glaube an Thatsachen oder wirkliches Sein beruht lediglich auf einem Gegenstand, der dem Gedächtnis oder Sinnen gegenwärtig ist und auf einer gewohnheitsmässigen Verbindung zwischen diesen und andern Gegenständen; oder mit andern Worten: hat man gefunden, dass in vielen Fällen zwei Dinge, wie Flamme und Hitze, Schnee und Kälte, immer miteinander verbunden gewesen sind, so treibt die Gewohnheit den Verstand, wenn er Schnee oder eine Flamme sieht, Kälte oder Hitze zu erwarten, und zu glauben, dass eine solche Eigenschaft existiert und bei grösserer Annäherung sich ergeben wird. Dieser Glaube ist das notwendige Ergebnis, wenn der Verstand in solche Lage kommt. In solcher Lage ist dieser Vorgang in der Seele ebenso unvermeidlich, als das Gefühl der Dankbarkeit, wenn man Wohlthaten empfängt, oder des Hasses, wenn man beleidigt wird. Alle diese Vorgänge sind eine Art natürlicher Instinkt, welchen die Überlegung oder das Nachdenken des Verstandes weder zu erwecken noch zu hindern vermag.

An diesem Punkte könnte ich wohl meine Untersuchung abbrechen. In den meisten Fragen kann man keinen Schritt weiter kommen, und bei allen Untersuchungen muss man zuletzt hier endigen, wenn man auch noch so anstrengend und eifrig die Forschung begonnen hat. Indes wird man den Eifer vielleicht entschuldigen, ja loben, der mich zur Fortsetzung der Untersuchung und zur genauem Prüfung der Natur dieses Glaubens und dieser gewohnheitsmässigen Verbindung, von der er sich ableitet, treibt. Auf diese Weise werden vielleicht einige Erläuterungen und Analogien gewonnen, welche wenigstens für alle die von Interesse sein werden, die abstrakte Wissenschaft lieben und sich an Erörterungen erfreuen, auch wenn sie bei aller Genauigkeit nicht zur vollen Gewissheit führen. Für andere Leser ist das Folgende in dieser Abteilung nicht berechnet; auch ist es für das Verständnis des Spätem nicht notwendig.

Abschnitt II.

Nichts ist freier als die Einbildungskraft des Menschen. Obgleich sie den ursprünglichen Vorrat von Vorstellungen, welche der innere und der äussere Sinn beschafft, nicht überschreiten kann, so hat sie doch eine unbeschränkte Gewalt in Mischung, Verbindung, Trennung und Teilung dieser Vorstellungen nach allen Richtungen des Beliebens und der Phantasie. Der Mensch kann sich eine Reihe von Ereignissen bilden, die allen Anschein der Wirklichkeit haben; er kann ihnen Zeit und Ort bestimmen, sie als wirklich nehmen und sie mit allen Nebenumständen ausmalen, welche zu einem solchen historischen Ereignis gehören, an das man mit der grössten Gewissheit glaubt. Worin besteht nun der Unterschied zwischen einer solchen Dichtung und dem Glauben? Er liegt nicht in irgend einer besonderen Vorstellung, welche solchen Gedanken anhaftet, die man für wahr hält, und welche jeder blossen Dichtung abginge. Denn der Verstand hat Macht über alle seine Vorstellungen und könnte daher diese besondere Vorstellung mit jeder Dichtung verbinden, und so dahin kommen, das zu glauben, was ihr beliebte; während die Erfahrung doch lehrt, dass dies nicht stattfindet. Wir können in unserm Vorstellen den Kopf eines Menschen mit dem Leibe eines Pferdes verbinden, aber es steht nicht in unserer Gewalt, zu glauben, dass ein solches Tier existiert habe.

Deshalb muss der Unterschied zwischen Dichtung und Glauben in einer Empfindung oder einem Gefühle liegen, welches zwar mit diesem, aber nicht mit jener verbunden ist, und was weder von dem Willen abhängt, noch beliebig zu Diensten steht. Es muss, wie alle Gefühle, durch die Natur erweckt werden und aus dem besondern Zustande hervorgehen, in dem sich der Verstand unter Umständen befindet. Jeder Gegenstand, der sich den Sinnen oder dem

Gedächtnis bietet, treibt durch die Macht der Gewohnheit die Einbildungskraft zur Vorstellung des Gegenstandes, welcher gewöhnlich mit ihm verbunden ist, und diese Vorstellung ist von einem Gefühl oder einer Empfindung begleitet, die sich von den luftigen Träumen der Phantasie unterscheidet. Darin besteht das Wesen des Glaubens. Denn da es keine Thatsache giebt, die man so fest glaubt, dass man sich nicht das Gegenteil vorstellen könnte, so gäbe es keinen Unterschied zwischen Vorstellungen, die man für wahr, und solchen, die man für unwahr hielte, wenn nicht ein Gefühl die eine von der andern unterschiede. Wenn ich sehe, wie eine Billardkugel auf einer glatten Fläche sich gegen eine andere bewegt, so kann ich mir wohl vorstellen, dass sie bei der Berührung stillstehen werde. Diese Vorstellung enthält keinen Widerspruch; dennoch empfinde ich bei dieser Vorstellung ganz anders, als bei der, wo ich mir den Stoss und die Mitteilung der Bewegung von einer zur andern vergegenwärtige.

Wollte ich eine Definition dieser Empfindung versuchen, so würde diese schwer, vielleicht unmöglich sein; ebenso, als wenn ich das Gefühl der Kälte, oder die Leidenschaft des Zornes einem Menschen definieren wollte, der diese Gefühle nie empfunden hat. Glauben ist das wahre und richtige Wort für dieses Gefühl, und niemand ist über den Sinn dieses Ausdrucks in Zweifel, weil jedermann zu jeder Zeit sich des damit bezeichneten Gefühles bewusst ist. Indes ist eine Beschreibung dieses Gefühls vielleicht zweckmässig; man gelangt dadurch vielleicht zu Vergleichungen, welche eine vollkommnere Einsicht gewähren. Ich behaupte also, dass der Glaube nur eine lebhaftere, lebendigere, stärkere, festere, ausharrendere Vorstellung von einem Gegenstande ist, als die, welche die Einbildung allein erreichen kann. Diese Menge von Beiworten, die unphilosophisch scheint, soll nur jenen Akt des Verstandes bezeichnen, der das Wirkliche oder dafür Gehaltene mehr als das Eingebildete vergegenwärtigt, im Vorstellen gewichtiger macht und ihm einen stärkeren Einfluss auf die Leidenschaften und die Gedanken giebt. Sind wir über die Sache einverstanden, so brauchen wir uns über die Worte nicht zu streiten. Die Einbildungskraft gebietet über alle ihre Vorstellungen und kann sie auf alle mögliche Arten verbinden, mischen und vertauschen. Sie kann Erdichtungen mit allen zeitlichen und örtlichen Nebenumständen machen. Sie kann sie uns gleichsam vor Augen stellen, mit ihren wahren Farben, wie sie existiert haben mögen. Aber es ist unmöglich, dass diese Einbildungskraft allein je den Glauben bewirkt; der Glaube kann deshalb nicht in einer besonderen Art oder Ordnung der Vorstellungen bestehen, sondern muss eine besondere Art ihrer Auffassung sein und ihres Gefühles in der Seele. Ich räume ein, dass es unmöglich ist, dieses Gefühl oder diese Art der Auffassung zu beschreiben. Man kann Worte benutzen, die es annähernd ausdrücken; aber der wahre und richtige Name dafür ist Glaube, ein Wort, was jeder im gewöhnlichen Leben versteht. Auch in der Philosophie kann man nicht weiter als zu dem Satze kommen, dass der Glaube ein Gefühl in der Seele ist, wodurch sie die Aussagen ihres Urteils von den Geschöpfen ihrer Einbildungskraft unterscheidet. Dies Gefühl giebt jenen mehr Gewicht und Einfluss, lässt sie wichtiger erscheinen, zwingt sie der Seele auf und macht sie zu den herrschenden Grundsätzen unserer Handlungen. Ich höre z. B. jetzt die Stimme eines Menschen, der mir bekannt ist, und der Ton kommt aus dem nächsten Zimmer. Dieser Eindruck auf meine Sinne führt unmittelbar mein Denken auf diesen Menschen mit allen ihn betreffenden Nebenumständen. Ich male sie mir als jetzt existierend aus, mit denselben Eigenschaften und Verhältnissen, wie ich sie früher an ihnen gekannt habe. Diese Vorstellungen fassen festern Fuss in meiner Seele als die Vorstellung von einem verzauberten Schlosse. Sie sind ganz anders in der Empfindung und haben in jeder Art einen grössern Einfluss, sei es um Lust oder Schmerz, Freude oder Trauer zu erwecken.

Fasst man alles hier Gesagte zusammen, so erhellt, dass das Gefühl des Glaubens nur ein innerlich stärkeres und festeres Vorstellen im Vergleich zu den blossen Schöpfungen der Einbildung ist, und dass diese Vorstellungsart sich aus der gewohnten Verbindung zwischen einem Gegenstand und einem den Sinnen oder dem Gedächtnis gegenwärtigen Etwas bildet. Mit dieser Annahme wird es leicht sein, andere ähnliche Geistesthätigkeiten aufzufinden, und diese Erscheinungen auf allgemeinere Grundsätze zurückzuführen.

Es ist bereits erwähnt, dass die Natur besondere Vorstellungen miteinander verknüpft hat, und dass, wenn die eine in das Denken eintritt, sie sofort die ihr zugehörige mit einführt und ihr unsere Aufmerksamkeit durch eine leise und unfühlbare Bewegung zuwendet. Die Regeln für diese Verknüpfungen oder Vergesellschaftungen haben wir auf drei zurückgeführt, nämlich: Ähnlichkeit, Berührung (in Zeit und Raum) und Ursächlichkeit. Sie sind die einzigen Bande, welche unsere Vorstellungen vereinigen und jenen regelmässigen Lauf des Denkens oder Unterredens erzeugen, welcher mehr oder weniger unter allen Menschen stattfindet. Hier erhebt sich nun eine Frage, von deren Lösung die vorliegende Schwierigkeit abhängt. Geschieht es bei all diesen Verbindungsformen, dass, wenn ein Gegenstand den Sinnen oder dem

Gedächtnis zugeführt wird, die Seele nicht bloss die andere zugehörige sich vorstellt, sondern dies auch in einer stärkern und festern Weise thut, als sie es sonst vermocht hätte? Dies scheint mit dem Glauben, welcher aus der Beziehung von Ursache und Wirkung entspringt, der Fall zu sein. Ist dies nun auch mit den beiden andern Verbindungsformen der Fall, so muss es als ein allgemeines Gesetz für alle Thätigkeiten des Verstandes gelten.

Als erster Versuch für unsern Zweck kann der Fall dienen, dass bei dem Anblick des Bildes eines abwesenden Freundes unsere Vorstellung von ihm offenbar durch die Ähnlichkeit lebhafter wird, und dass jedes von dieser Vorstellung wachgerufene Gefühl, sei es Freude, sei es Trauer, dadurch neue Kraft und Stärke erhält. Um diese Wirkung hervorzubringen, vereinigt sich hier sowohl eine Beziehung, wie ein gegenwärtiger Eindruck. Wäre das Bild ihm nicht ähnlich oder soll es ihn nicht darstellen, so würde es nie unsere Gedanken zu ihm hinleiten; und wäre es ebenso abwesend, wie die Person, so würde der Verstand, wenn er auch an das eine oder andere dachte, seine Vorstellungen durch diesen Wechsel eher geschwächt als gestärkt fühlen. Wir sehen gern das gegenwärtige Bild eines Freundes; ist es aber nicht mehr da, so denken wir lieber unmittelbar an ihn als vermittelst eines Bildes, was ebenso fern als dunkel ist.

Auch die Gebräuche der katholischen Eeligion können als hierher gehörende Beispiele gelten. Die Eiferer dieses Aberglaubens führen gewöhnlich zur Verteidigung der Aufzüge, die man an ihr tadelt, an, dass sie die guten Wirkungen dieser äussern Bewegungen, Stellungen und Handlungen fühlen; dass ihre Andacht dadurch tiefer und ihr Eifer stärker werde; während diese sinken würden, wenn sie blos auf entfernte und unsichtbare Gegenstände gerichtet würden. Wir verbildlichen uns, sagen sie, diese Glaubensgegenstände in wahrnehmbaren Formen und Bildern und vergegenwärtigen durch diese Formen jene uns mehr, als wir durch rein geistige Beschauung und Betrachtung vermögen. Sichtbare Dinge haben immer einen grösseren Einfluss auf die Einbildungskraft als andere und dieser geht schnell auf die Vorstellungen, auf die sie sich beziehen und denen sie gleichen, über. Ich will an diesen Gebräuchen und ihrer Bechtfertignng nur darlegen, dass die Wirkung der Ähnlichkeit auf die Verstärkung der Vorstellungen sehr häufig ist. Da in jedem Falle eine Ähnlichkeit und ein gegenwärtiger Eindruck zusammentreffen müssen, so hat man für den Beweis der aufgestellten Begel Beispiele die Menge.

Die Stärke dieser Gründe kann durch verschiedene andere erhöht werden, wenn man die Wirkung der Berührung (in Raum und Zeit) in Betracht zieht. Die

Entfernung mindert offenbar die Stärke jeder Vorstellung; nähern wir uns dem Gegenstande, so bewirkt er, obgleich er sich den Sinnen noch nicht darstellt, schon einen Einfluss auf die Seele, welcher einem unmittelbaren Eindruck ähnelt. Die Vorstellung irgend eines Gegenstandes führt die Seele sofort zu dem ihm Angrenzenden; aber nur die wirkliche Gegenwart eines Gegenstandes thut dies mit grösserer Lebhaftigkeit. Wenn ich nur wenige Meilen von meinem Hause entfernt bin, so ergreift mich alles darauf Bezügliche mehr, als wenn ich zweihundert Meilen davon entfernt bin; wenngleich selbst bei dieser Entfernung der Gedanke an irgend eine Sache in der Nähe meiner Freunde oder Familie die Vorstellung von ihnen wach ruft. Im letztern Falle sind beide Gegenstände nur Vorstellungen, und obgleich der Übergang von der einen zur andern leicht geschieht, kann er doch der einen dieser Vorstellungen keine grössere Lebendigkeit geben, weil der unmittelbare Eindruck fehlt.

Die Ursächlichkeit hat ohne Zweifel denselben Einfluss wie die beiden andern Beziehungen der Ähnlichkeit und Berührung. Abergläubische Leute halten auf Reliquien von Heiligen und frommen Männern aus demselben Grunde, weshalb sie nach ihren Gestalten und Bildern verlangen; sie wollen ihre Andacht steigern und den Gedanken an deren exemplarisches Leben, was sie nachahmen wollen, tiefer und kräftiger machen. Offenbar ist eine der besten Reliquien, welche ein Andächtiger sich verschaffen kann, die Handarbeit eines Heiligen; wenn seine Kleider und Geräte ebenso geschätzt werden, so geschieht es, weil sie einst zu seiner Verfügung standen und von ihm getragen und gebraucht wurden. Sie gelten als eine unvollkommene Wirkung von ihm und erscheinen durch eine kürzere Reihe von Gliedern mit ihm verbunden, als alles Andere, woraus man die Wirklichkeit seiner Existenz abnehmen könnte.

Wenn der Sohn eines seit geraumer Zeit toten oder abwesenden Freundes vor uns erschiene, so würde er offenbar die damit verbundenen Vorstellungen wach rufen und alle vergangenen Vertraulichkeiten und Freundschaften lebendiger in unser Denken zurückbringen, als es sonst geschehen wäre. Dies ist ein anderer Vorgang, welcher die obige Regel zu bestätigen scheint.

Bei diesen Fällen wird der Glaube an den zugehörigen Gegenstand immer vorausgesetzt, denn sonst kann die Beziehung nicht wirksam sein. Die Wirkung des Gemäldes verlangt, dass wir glauben, unser Freund habe einmal existiert. Die Nähe unserer Heimat kann unsere Vorstellung von der Heimat nur erwecken, wenn man glaubt, dass sie wirklich besteht. Ich behaupte nun, dass, wenn dieser Glaube über das Gedächtnis oder die Wahrnehmung hinausgeht, er die gleiche

Natur und den gleichen Ursprung hat, wie der hier erklärte Übergang der Gedanken und die Lebhaftigkeit des Vorstellens. Wenn ich ein Stück trockenes Holz in das Feuer werfe, so treibt es mich offenbar zur Vorstellung, dass es die Flamme nicht auslöscht, sondern vermehrt. Dieser Fortschritt der Gedanken von der Ursache zur Wirkung geht nicht von der Vernunft aus, sondern beruht gänzlich auf Gewohnheit und Erfahrung. Da er mit einem den Sinnen gegenwärtigen Gegenstande beginnt, so macht er die Vorstellung von der Flamme stärker und lebendiger als der blosse schwankende Traum der Einbildung. Jene Vorstellung erhebt sich unmittelbar; das Denken wendet sich augenblicklich ihr zu und giebt ihr alle Stärke des Wissens, die sich von dem sinnlichen Eindruck ableitet. Wenn man ein Schwert gegen meine Brust zückt, trifft mich da die Vorstellung von Wunden und Schmerzen nicht stärker, als wenn man ein Glas Wein mir anbietet, selbst wenn jene Vorstellung zufällig mit der Wahrnehmnng des letzteren eintreten sollte? Was anderes kann nun in diesem Gebiete eine so starke Vorstellung erzeugen, als ein gegenwärtiger Gegenstand und der gewohnte Übergang zur Vorstellung eines andern Gegenstandes, welchen man mit dem ersten zu verbinden sich gewöhnt hat? Dies ist der einfache Vorgang in unserem Verstande bei allen unsern Schlüssen über Thatsachen und Dasein. Es ist von Wert, einige ähnliche Verhältnisse aufzuzeigen, welche ihn erläutern. Die Gegenwart des Gegenstandes, von dem der Übergang ausgeht, giebt der zweiten Vorstellung immer Stärke und Festigkeit.

Hier besteht also eine Art von voraus bestimmter Harmonie zwischen dem Lauf der Natur und der Folge unserer Vorstellungen, und obgleich Kräfte und Triebfedern, welche in ersterer herrschen, uns ganz unbekannt sind, so sehen wir doch, dass unsere Gedanken und Vorstellungen denselben Lauf nehmen, wie die Werke der Natur. Gewohnheit ist das Prinzip, welches diese Übereinstimmung bewirkt; sie ist für den Bestand unseres Geschlechts notwendig und leitet in allen Verhältnissen und Vorkommnissen des Lebens unser Benehmen. Erweckte nicht die Gegenwart eines Gegenstandes sofort die Vorstellung der mit ihm gewöhnlich verbundenen Dinge, so wäre all unser Wissen auf den engen Kreis des Gedächtnisses und der Wahrnehmung beschränkt; wir würden keine Mittel den Zwecken anpassen, noch unsere natürlichen Kräfte benutzen können, um Gutes zu erreichen und Übles zu meiden. Wer an der Entdeckung und Betrachtung der letzten

Ursachen Vergnügen findet, hat hier volle Gelegenheit zum Staunen und zur Bewunderung.

Zu weiterer Bestätigung der hier dargelegten Theorie lässt sich noch geltend machen, dass diese Thätigkeit des Verstandes, wodurch man gleiche Wirkungen von gleichen Ursachen ableitet, und umgekehrt, in Anbetracht, dass sie so wesentlich für die Erhaltung des Menschengeschlechts ist, nicht wohl den trügerischen Begründungen unserer Vernunft anvertraut werden konnte. Deren Wirksamkeit ist langsam; in den ersten Jahren der Kindheit ist sie fast gar nicht bemerklich, und im besten Falle ist sie zu allen Zeiten und Perioden des Lebens Irrtümern und Fehlern sehr ausgesetzt. Es entspricht mehr der allgemeinen Weisheit der Natur, eine so notwendige Thätigkeit der Seele durch Instinkt oder einen mechanischen Trieb zu sichern, welcher in seiner Wirksamkeit frei vom Irrtum bleibt, gleich beim Beginn des Lebens und Denkens sich geltend macht und von den mühsamen Begründungen des Verstandes unabhängig ist. So wie die Natur uns den Gebrauch unserer Glieder gelehrt hat, ohne uns die Kenntnis der Muskeln und Nerven, durch die sie erfolgt, zu geben, so hat sie auch einen Instinkt uns eingepflanzt, welcher die Gedanken übereinstimmend mit dem Gang, den sie für äussere Gegenstände festgestellt hat, führt, obgleich wir die Kräfte und Triebfedern, von welchen dieser regelmässige Lauf und die Folge der Gegenstände abhängt, durchaus nicht kennen.

Abteilung VI.

Über die Wahrscheinlichkeit.

Obgleich es in der Welt nichts der Art wie Zufall giebt, so hat doch unsere Unkenntnis der wirklichen Ursache eines Ereignisses denselben Einfluss auf den Verstand und erzeugt eine gleiche Art von Glauben oder Meinung, als ob Zufall bestände.

Es giebt allerdings eine Wahrscheinlichkeit, die aus der Mehrzahl der möglichen Fälle auf einer Seite sich bildet, und wenn diese Mehrzahl wächst und die entgegengesetzten übertrifft, so nimmt die Wahrscheinlichkeit verhältnismässig zu und erzeugt für die Seite, wo die Mehrzahl statt hat, einen höhern Grad von Glauben oder Zustimmung. Wenn ein Würfel auf vier Seiten mit derselben Figur oder Zahl versehen ist, und auf den zwei andern mit einer andern Figur, so würde jene Figur wahrscheinlicher geworfen werden als letztere, hätte er aber 1000 Seiten in derselben Weise gezeichnet und nur eine mit einer andern Figur, so würde die Wahrscheinlichkeit noch viel grösser und unser Glaube oder die Erwartung des Ausganges noch fester und sicherer sein. Diese Art des Denkens oder Schliessens scheint vielleicht längst bekannt und selbstverständlich; aber bei näherer Untersuchung bietet sie Stoff zu interessanten Untersuchungen.

Offenbar betrachtet der Verstand bei Berechnung des Erfolgs eines solchen Würfelns das Werfen jeder einzelnen Seite als gleich wahrscheinlich und es ist eben das Wesen des Zufalls, dass er alle einzelnen Fälle, die er einschliesst, völlig gleich möglich macht. Wenn aber zu dem einen Erfolg eine grössere Zahl von Seiten führt, als zu dem andern, so kommt der Verstand öfter auf diesen Erfolg zurück und trifft ihn öfter bei Durchgehung der verschiedenen Möglichkeiten oder Zufälle, von denen das Endergebnis abhängt. Dieses Zusammentreffen mehrerer Erwägungen in demselben Ergebnis erzeugt unmittelbar durch eine unerklärliche Natur-Einrichtung die Wissensart des Glaubens, und giebt diesem Ergebnis den Vorzug vor dem entgegengesetzten, der nur von einer geringem Zahl von Erwägungen unterstützt ist, und dem Verstande sich nicht so oft darbietet. Wenn man zugiebt, dass der Glaube nur eine festere und stärkere Vorstellung eines Gegenstandes in Vergleich mit blossen Erdichtungen der Einbildung ist, so erklärt dies der hier betrachtete Vorgang einigermassen. Das wiederholte Eintreten derselben Erwägungen oder Einblicke steigert die Vorstellung, giebt ihr eine höhere Stärke und Kraft, macht ihren Einfluss auf Leidenschaften und Erregungen fühlbarer und erzeugt, mit einem Worte, diese Zuversicht oder Gewissheit, welche das Wesen des Glaubens und Dafürhaltens ausmacht,

Es verhält sich mit der Wahrscheinlichkeit der Ursachen, wie mit der des Zufalls. Es giebt Ursachen, welche in ihrer bestimmten Wirkung völlig gleichförmig und beständig sind, und man kennt kein Beispiel von einem Ausbleiben oder einer Ausnahme bei denselben. Das Feuer hat den Menschen immer verbrannt, und das Wasser immer erstickt. Die Erzeugung der Bewegung durch Stoss und Schwere ist ein allgemeines Gesetz, das bis jetzt keine Ausnahme erlitten hat. Aber es giebt andere Ursachen, die sich unregelmässiger und unsicherer zeigen; so hat der Rhabarber nicht immer purgiert und das

Opium nicht jeden Menschen, der es eingenommen hat, eingeschläfert. Allerdings suchen Philosophen, wenn eine Ursache ihre gewöhnliche Wirkung verfehlte, den Grund nicht in der Unregelmässigkeit der Natur, sondern sie nehmen an, dass irgend eine geheime Ursache in der besondern Verbindung der Teile den regelmässigen Vorgang gehemmt hat. Unsere Betrachtungen und Schlüsse betreffs des Erfolgs werden jedoch durch dieses Prinzip nicht betroffen. Indem man gewöhnt ist, das Vergangene auf das Zukünftige bei allen Schlüssen zu übertragen, so erwartet man da, wo die Vergangenheit ganz regelmässig und gleichförmig gewesen ist, den Erfolg mit der grössten Zuversicht und giebt der entgegengesetzten Annahme keinen Raum. Wo aber verschiedene Wirkungen aus anscheinend genau gleichen Ursachen angetroffen worden sind, da müssen all diese verschiedenen Wirkungen auch dem Verstande, bei Uebertragung der Vergangenheit auf die Zukunft, gegenwärtig sein und in die Betrachtung eintreten, wenn man die Wahrscheinlichkeit des Erfolges bestimmen will. Obgleich man dem, der am häufigsten befunden worden, den Vorzug giebt, und an das Eintreten dieser Wirkung glaubt, so darf man doch die andern Wirkungen nicht übersehen und muss jeder nach Verhältnis ihres öftern oder seltenern Eintretens ein besonderes Gewicht und Ansehn beilegen. So ist es für alle Länder Europas wahrscheinlicher, dass im Januar einiger Frost eintritt, als dass den ganzen Monat gelindes Wetter anhält; obgleich diese Wahrscheinlichkeit nach Verschiedenheit des Klimas wechselt, und in den nördlichen Ländern sich der Gewissheit nähert. Hier zeigt es sich deutlich, dass man bei Übertragung der Vergangenheit auf die Zukunft, um die Wirkung einer Ursache zu ermessen, alle verschiedenen Folgen in demselben Verhältnis überträgt, wie sie in der Vergangenheit bemerkt worden sind, und sich z. B. vorstellt, dass die eine hundertmal, die andere zehnmal und die dritte nur einmal eingetreten ist. Da eine grosse Zahl von Erwägungen hier auf denselben Erfolg zusammentrifft, so verstärken und befestigen sie ihn in der Einbildungskraft, erzeugen die Empfindung, welche man Glauben nennt und geben ihm den Vorzug vor dem entgegengesetzten Erfolg, der nicht durch eine gleiche Zahl von Erfahrungen unterstützt wird und dem Denken, bei der Übertragung der Vergangenheit auf die Zukunft, nicht so oft sich darstellt. Wenn Jemand versuchen will, diese Vorgänge des Verstandes aus irgend einem der vorhandenen philosophischen Systeme zu erklären, so wird er die Schwierigkeit bemerken. Ich bin für meine Person zufrieden, wenn die gegenwärtigen Andeutungen das Interesse der Philosophen erwecken und sie erkennen lassen, wie mangelhaft alle bisherigen Systeme diese interessante und bedeutende Frage behandelt haben.

Abteilung VII.

Über den Begriff der notwendigen Verknüpfung.

Abschnitt I.

Der grosse Vorteil, den die mathematischen Wissenschaften über die philosophischen haben, ist, dass die Vorstellungen der ersten wahrnehmbar und deshalb immer klar und deutlich sind; deshalb wird der kleinste Unterschied bei ihnen sofort bemerkt, und dieselben Worte bezeichnen immer dieselben Vorstellungen, ohne Zweideutigkeit oder Schwanken. Ein Oval verwechselt man nie mit einem Kreise, und eine Hyperbel nicht mit einer Ellipse. Das gleichseitige und ungleichseitige Dreieck sind durch Grenzbestimmungen getrennt, schärfer, als die zwischen Laster und Tugend, Recht und Unrecht. Wenn ein Ausdruck in der Geometrie erklärt ist, so setzt der Verstand leicht und von selbst in jedem Falle die Definition an Stelle des erklärten Wortes. Und selbst da, wo keine Definition gegeben ist, kann der Gegenstand wahrnehmbar und dadurch fest und klar erfassbar gemacht werden.

Aber die feinern Empfindungen der Seele, die Vorgänge im Denken, die mannichfachen Erregungen der Gefühle entgehn uns, trotz ihres wirklichen Unterschiedes, leicht, wenn sie innerlich betrachtet werden; auch haben wir nicht die Macht den ursprünglichen Gegenstand herbeizuschaffen, wenn Veranlassung zu seiner Betrachtung vorhanden ist. Deshalb werden unsere Schlüsse allmählich zweideutig; ähnliche Gegenstände werden leicht als gleiche behandelt, und der Schlusssatz entfernt sich oft weit von seinen Vordersätzen.

Indes kann man dreist behaupten, dass bei genauer Betrachtung die Vorteile und Nachteile dieser Wissenschaften sich ausgleichen und beide einander gleich stellen. Wenn der Verstand die geometrischen Begriffe leichter klar und deutlich erfasst, so muss er doch eine längere und verwickeltere Kette von Schlüssen ziehn und sehr entfernte Begriffe mit einander vergleichen, um die tiefern Wahrheiten dieser Wissenschaft zu erfassen. Wenn dagegen philosophische Begriffe ohne grosse Sorgfalt dunkel und verworren bleiben, so sind doch hier die Folgerungen immer kürzer, und die Mittelsätze, welche zu jenen Schlusssätzen führen, nicht so zahlreich als in den Wissenschaften, welche die Grösse und die Zahl behandeln. In der That giebt es bei Euklid keinen noch so einfachen Lehrsatz, der nicht aus mehr Gliedern bestände, als irgend ein philosophischer Satz, mit Ausnahme von Hirngespinnsten und Täuschungen. Wo man den Prinzipien des menschlichen Verstandes auf einige Schrite nachspüren kann, so kann man mit dem Fortschritt zufrieden sein, wenn man erwägt, wie bald die Natur allen unsern Untersuchungen über Ursachen einen Riegel vorschiebt und uns zur Anerkenntnis unser Unwissenheit nötigt. Das Haupthindernis des Fortschrittes in den metaphysischen Wissenschaften liegt deshalb in der Dunkelheit der Begriffe und der Zweideutigkeit der Worte. Die Hauptschwierigkeit bei der Mathematik liegt dagegen in der Länge der Folgerungen und dem Umfange der Vorstellungen, deren man zum Beweise bedarf. Unser Fortschritt in der Naturwissenschaft ist vielleicht durch den Mangel geeigneter Versuche und Erscheinungen gehindert, welche meist zufällig entdeckt werden und selbst durch die emsigste und vorsichtigste Untersuchung dann nicht gefunden werden, wenn man sie braucht. Da die Philosophie bisher weniger vorgeschritten scheint, als Mathematik und Physik, so erhellt, dass, wenn in dieser Beziehung Verschiedenheit vorhanden ist, die Schwierigkeiten, welche sich dem Fortschritt der erstern entgegenstellen, grössere Sorgfalt und Fähigkeit zu ihrer Ueberwindung fordern.

Die Metaphysik hat keine dunklern und unsicherern Begriffe, wie die der Macht, der Kraft, der Wirksamkeit oder notwendigen Verbindung, von denen man bei jeder Untersuchung fortwährend Gebrauch machen muss. Ich werde deshalb in dieser Abteilung so viel als möglich die genaue Bedeutung dieser Worte zu bestimmen suchen, um damit einen Teil der Dunkelheit zu beseitigen, über welchen man in diesem Zweige der Philosophie so viel klagt.

Der Satz wird nicht bestritten werden, dass alle unsere Begriffe nur Abbilder unserer Eindrücke sind, oder dass, mit andern Worten, wir uns nichts vorstellen können, was wir nicht vorher innerlich oder äusserlich wahrgenommen haben. Ich habe diesen Satz zu erklären und zu beweisen versucht und hoffe, dass man bei richtigem Gebrauche desselben eine grössere Deutlichkeit und Schärfe im philosophischen Untersuchen erreichen wird, als bisher möglich war. Zusammengesetzte Begriffe kann man leicht durch Definition verständlich machen, die nichts anderes ist als ein Aufzählen der Teile oder einfachen Begriffe, welche sie bilden. Hat man aber das Definieren bis zu den einfachsten Begriffen fortgesetzt, und bleiben dann immer noch Zweifel und Dunkelheiten, welche Mittel hat man dann? Durch welche Erfindung kann man diese letzten Begriffe erleuchten und dem geistigen Auge scharf und bestimmt darstellen? – Man suche nach den Eindrücken und ursprünglichen Empfindungen, von welchen diese Begriffe abgenommen sind. Diese Eindrücke sind sämtlich stark und fühlbar. Sie sind nicht zweideutig. Sie sind nicht allein selbst völlig hell, sondern auch im stande, ihr Licht den ihnen entsprechenden Begriffen mitzuteilen, die noch in der Dunkelheit liegen. Dadurch erreicht man gleichsam ein neues Vergrösserungsglas oder optisches Instrument, welches die zartesten und einfachsten Begriffe der Philosophie so vergrössert, dass sie schnell in die Wahrnehmung fallen, und dann so leicht, wie die gröbsten und sinnlichsten Vorstellungen, die unserer Untersuchung aufstossen, zu fassen sind.

Um deshalb mit dem Begriff der Kraft oder notwendigen Verknüpfung genau bekannt zu werden, muss man den ihr zu Grunde liegenden Eindruck untersuchen; und um diesen Eindruck sicher zu finden, muss man nach ihm in allen Quellen suchen, aus denen er herkommen kann.

Wenn man sich unter äussern Gegenständen umsieht und die Wirksamkeit der Ursachen betrachtet, so kann man für keinen einzigen Fall eine Kraft oder notwendige Verknüpfung entdecken; keine Eigenschaft zeigt sich da, welche die Wirkung an die Ursache bände und die eine zur untrüglichen Folge der andern machte. Man bemerkt nur, dass das Eine thatsächlich und wirklich dem andern folgt. Dem Anstosse der einen Billardkugel folgt die Bewegung der zweiten. Dies allein nehmen die äussern Sinne wahr. Die Seele hat keine Empfindung oder innern Eindruck von dieser Folge der Gegenstände. Irgendein einzelnes Beispiel von Ursache und Wirkung hat deshalb nichts an sich, was den Begriff von Kraft oder notwendiger Verknüpfung darbieten könnte.

Bei dem ersten Auftreten eines Gegenstandes kann man nie die aus ihm hervorgehende Wirkung mutmassen. Wäre die Kraft oder Wirksamkeit einer Ursache der Seele erkennbar, so könnte man auch ohne Erfahrung die Wirkung vorhersehen und vermittelst der blossen Kraft des Denkens und Schliessens schon bei dem erstenmale sich mit Gewissheit darüber aussprechen.

Aber in Wahrheit bietet in keinem ihrer Teile die Materie in ihren wahrnehmbaren Eigenschaften eine Kraft oder Wirksamkeit, noch giebt sie einen Anhalt für das, was sie hervorbringt, oder was ihr folgt, und was man ihre Wirkung nennen kann. Undurchdringlichkeit, Ausdehnung, Bewegung, alle diese Eigenschaften sind in sich vollständig und deuten kein anderes Ereignis an, was aus ihnen hervorgehen könnte. Die Erscheinungen wechseln fortwährend in der Welt, und Eines folgt dem Andern in ununterbrochener Reihe; aber die Macht oder Kraft, welche die ganze Maschine bewegt, ist uns völlig verborgen und zeigt sich in keiner wahrnehmbaren Eigenschaft der Körper. Wir wissen, dass thatsächlich die Hitze ein beständiger Begleiter der Flamme ist; was aber das Bindende zwischen beiden ist, das können wir nicht einmal mutmassen oder ersinnen. Der Begriff der Kraft kann deshalb aus der Betrachtung der Körper in den Einzelfällen ihrer Wirksamkeit nicht abgeleitet werden, denn kein Körper zeigt eine Kraft, welche das Urbild zu diesem Begriff abgeben könnte.

Wenn daher die äussern Gegenstände, wie sie den Sinnen erscheinen, uns keinen Begriff von Kraft oder notwendiger Verknüpfung durch ihre Wirksamkeit in dem einzelnen Falle bieten, so muss man sehen, ob dieser Begriff seinen Ursprung nicht in einer Selbstbetrachtung der Thätigkeit der eigenen Seele hat und also das Abbild eines innern Eindrucks ist. Man kann behaupten, dass man jederzeit einer innern Kraft sich bewusst ist, weil man fühlt, dass man durch den blossen Willen die Glieder des Körpers bewegen und die Vermögen der Seele leiten kann. Ein Wollen bewirkt Bewegung in unsern Gliedern oder weckt eine neue Vorstellung in unserm Denken. Dieser Einfluss des Willens ist uns durch ein inneres Bewusstsein bekannt. Von da bekommen wir den Begriff der Kraft oder der Wirksamkeit, und wir sind sicher, dass wir selbst und alle vernünftigen Wesen Kraft besitzen. Diese Vorstellung ist deshalb eine durch Reflektion gewonnene Vorstellung; sie entspringt aus der Betrachtung der Seelenthätigkeit und des Einflusses, welchen der Wille über die Glieder des Körpers und die Vermögen der Seele ausübt.

Wir wollen diesen Satz näher untersuchen; zunächst rücksichtlich des Einflusses des Willens auf die Glieder des Körpers. Dieser Einfluss ist offenbar eine Thatsache, welche gleich allen andern natürlichen Vorgängen nur durch Erfahrung erkannt werden kann und im voraus aus keiner wahrnehmbaren Wirksamkeit oder Kraft in der Ursache, die sie mit ihrer Wirkung verknüpfte, und die eine zur untrüglichen Folge der andern machte, entnommen werden kann. Die Bewegung unseres Körpers erfolgt auf den Befehl unseres Willens. Dessen sind wir uns jederzeit bewusst. Aber die Mittel, wodurch dieses geschieht, die Kraft, mittelst deren der Wille eine so ausserordentliche That vollbringt, sind dem unmittelbaren Bewusstsein so sehr entzogen, dass sie für immer sich der genauesten Nachforschung entziehen.

Denn giebt es erstens in der ganzen Natur ein geheimnisvolleres Prinzip, als die Verbindung von Seele und Leib? Eine angenommene geistige Substanz erlangt dadurch einen solchen Einfluss über eine körperliche, dass der feinste Gedanke im stande ist, den gröbsten Stoff zu bewegen. Könnten wir durch einen leisen Wunsch Berge versetzen oder die Gestirne in ihren Laufbahnen aufhalten, so wäre diese grosse Macht doch nicht ausserordentlicher und unbegreiflicher. Könnten wir durch das Bewusstsein eine Kraft in dem Willen bemerken, so müssten wir diese Kraft und ihre Verbindung mit der Wirkung kennen; ebenso das geheime Band zwischen Leib und Seele und die Natur beider Substanzen, wodurch die eine in so vielen Fällen auf die andere einwirken kann.

Zweitens: Wir können nicht allen Teilen des Körpers in gleicher Weise gebieten, obgleich wir keinen Grund für diesen auffallenden Unterschied angeben können als die Erfahrung. Weshalb hat der Wille Macht über die Zunge und die Finger, und nicht über das Herz und die Leber? Diese Frage würde uns nicht in Verlegenheit setzen, wenn wir uns im ersten Falle einer Kraft bewusst wären und in dem andern nicht. Wäre dies, so würde man auch ohne Erfahrung einsehen, weshalb die Macht des Willens über die Organe des Lebens in so feste Grenzen befasst ist. Man wäre dann mit der Kraft oder Macht, durch welche er wirkt, genau bekannt und würde wissen, weshalb sein Einfluss gerade nur so weit und nicht weiter reichte.

Ein Mensch, der plötzlich am Beine oder Arme gelähmt worden ist, oder der diese Glieder kürzlich verloren hat, versucht anfänglich oft, sie zu bewegen und in der gewohnten Weise zu gebrauchen. Hier ist er sich der Kraft, seine Glieder zu regen, ebenso bewusst, als jemand in voller Gesundheit sich der Kraft, die in ihren natürlichen Zustand verbliebenen Glieder zu bewegen, bewusst ist. Aber das Bewusstsein täuscht niemals. Folglich sind wir weder in dem einen noch in dem andern Falle uns irgend einer Kraft bewusst. Nur aus der Erfahrung lernen wir den Einfluss unsers Willens kennen, und nur die Erfahrung lehrt uns, wie beständig ein Ereignis einem andern folgt, aber ohne uns über die geheime Verknüpfung, die sie aneinander bindet und untrennbar macht, zu belehren.

Drittens: Die Anatomie lehrt uns, dass der unmittelbare Gegenstand der Kraft bei freiwilliger Bewegung nicht das bewegte Glied selbst ist, sondern gewisse Muskeln und Nerven und Lebensgeister und vielleicht noch etwas Feineres und Unbekannteres, durch welches sich die Bewegung fortsetzt, ehe sie das Glied selbst erreicht, dessen Bewegung der unmittelbare Gegenstand des Wollens ist. Giebt es einen stärkern Beweis, dass die Kraft, durch welche der ganze Vorgang zu stande kommt, anstatt durch inneres Gefühl oder Bewusstsein geradezu und voll erkannt zu sein, vielmehr im höchsten Grade geheimnisvoll und unbegreiflich ist? Die Seele will einen bestimmten Erfolg; unmittelbar entsteht aber ein anderer Erfolg, der uns unbekannt und gänzlich von dem gewollten verschieden ist; dieser Erfolg bewirkt einen andern, ebenso unbekannten, bis endlich nach einer langen Reihe der verlangte Erfolg hervortritt. Hätten wir die ursprüngliche Kraft wahrgenommen, so hätten wir sie gekannt; dann hätten wir auch die Wirkung gekannt, weil alle Kraft in Beziehung zur Wirkung steht. Umgekehrt, ist die Wirkung unbekannt, so kann auch die Kraft nicht bekannt und wahrgenommen sein. Wie kann man in Wahrheit sich einer Kraft über die Glieder bewusst sein, wenn man keine solche hat, sondern nur eine solche zur Erregung gewisser Lebensgeister, welche zwar zuletzt die Bewegung der Glieder hervorbringen, aber dabei doch in einer für uns ganz unbegreiflichen Weise wirksam sind?

Aus alledem kann man ohne Übereilung und mit Gewissheit schliessen, dass unser Begriff der Kraft nicht das Abbild einer Empfindung oder Wahrnehmung der Kraft in uns ist, wenn wir eine Bewegung unternehmen, oder unsere Glieder nach ihrer Bestimmung und Einrichtung gebrauchen. Dass deren Bewegung den Befehlen des Willens folgt, ist ein Gegenstand der gemeinen Erfahrung, wie bei andern natürlichen Vorgängen; aber die Kraft oder Wirksamkeit, wodurch dies geschieht, ist ebenso wie bei andern natürlichen Vorgängen unbekannt und unbegreiflich.

Indes ist es richtig, dass diese lebendige Anstrengung, die man empfindet, dem gewöhnlichen und ungenauen Begriff der Kraft ziemlich entspricht, obgleich sie für den scharfen und genauen Begriff derselben nicht zureicht.

Soll man nun behaupten, dass wir uns einer Kraft oder Wirksamkeit in der Seele bewusst sind, wenn wir auf Geheiss unsers Willen eine neue Vorstellung erfassen, die Seele in deren Betrachtung festhalten, sie nach allen Seiten wenden und sie zuletzt, wenn wir glauben, sie hinlänglich betrachtet zu haben, wegen einer andern Vorstellung fortschicken? Ich glaube, dieselben Gründe ergeben, dass auch ein solches Geheiss des Willens uns keine wirkliche Vorstellung von der Kraft und Wirksamkeit gewährt.

Erstens: muss man einräumen, dass wir, wenn wir die Kraft kennen, dann auch in der Ursache den Umstand kennen, welcher sie befähigt, die Wirkung hervorzubringen; denn Beides ist gleichbedeutend. Wir müssten also dann sowohl die Ursache und Wirkung, als auch ihr Verhältnis zu einander kennen. Wer will aber behaupten, mit der Natur der menschlichen Seele, oder mit der Natur einer Vorstellung, oder mit der Art, wie die eine die andere hervorbringt, bekannt zu sein? Hier ist eine wirkliche Schöpfung, eine Hervorbringung aus

Nichts; und dies scheint auf den ersten Blick eine so grosse Kraft zu bedingen, wie sie über den Bereich jedes endlichen Wesens hinausgeht. Man muss wenigstens anerkennen, dass eine solche Kraft von der Seele nicht gefühlt wird, ihr nicht bekannt ist, ja ihr unbegreiflich ist. Wir empfinden nur den Erfolg, nämlich das Dasein einer Vorstellung infolge des Geheisses des Willens; aber die Art, wie dieser Vorgang sich vollzieht, die Kraft, durch welche er hervorgebracht wird, geht über unser Begreifen.

Zweitens: die Macht der Seele über sich selbst ist ebenso beschränkt, wie ihre Herrschaft über den Leib, und diese Schranke lernt man nicht durch die Vernunft oder durch eine Kenntnis der Natur von Ursache und Wirkung kennen, sondern nur durch Erfahrung und Beobachtung, wie bei allen anderen Naturereignissen und Vorgängen der äusseren Körper. Unsere Macht über unsere Gefühle und Leidenschaften ist viel schwächer als die über unsere Vorstellungen, und selbst diese Macht ist in sehr enge Grenzen gefasst. Getraut sich jemand den letzten Grund für diese Schranken anzugeben oder zu zeigen, weshalb die Kraft in einem Falle versagt und in dem andern nicht?

Drittens: Diese Macht über sich selbst ist zu verschiedenen Zeiten sehr verschieden. Ein gesunder Mensch besitzt sie in stärkerem Masse als ein durch Krankheit geschwächter. Wir sind am Morgen mehr Herr unseres Denkens, als am Abend; in nüchternem Zustande mehr, als nach einer reichlichen Mahlzeit. Kann man einen anderen Grund, als die Erfahrung, für diesen Unterschied angeben? Wo bleibt also die Kraft, deren wir uns bewusst sein wollen? Sollte hier nicht, entweder in der geistigen oder körperlichen Substanz, oder in beiden, ein geheimer Mechanismus oder Bau der Teile bestehen, von dem die Wirkung abhängt; ein Bau, der, weil er uns gänzlich unbekannt ist, die Kraft oder Wirksamkeit des Willens so unbekannt und unbegreiflich bleiben lässt?

Das Wollen ist unzweifelhaft ein Vorgang in der Seele, den man genau kennt. Man schaue auf ihn und betrachte ihn von allen Seiten. Zeigt sich dabei irgend eine solche schöpferische Kraft, welche eine neue Vorstellung aus dem Nichts erhebt und – wenn man so reden darf – mit einem: Es werde! die Allmacht des Schöpfers nachahmt, welcher alle die mannigfachen Erscheinungen der Natur in das Dasein rief? Wir sind weit entfernt uns dieser Wirksamkeit des Willens bewusst zu sein, vielmehr gehört dazu eine so sichere Erfahrung, wie wir sie besitzen, um die Überzeugung zu gewinnen, dass solche ausserordentliche Wirkungen aus einem einfachen Akt des Willens hervorgehen.

Die meisten Menschen finden es nicht schwer, die gewöhnlichen und bekannten Vorgänge der Natur zu erklären; z. B.: den Fall schwerer Körper, das Wachsen der Pflanzen, die Erzeugung der Tiere und die Ernährung des Körpers durch Lebensmittel. Sie meinen, sie nähmen in all diesen Fällen die eigentliche Kraft und Wirksamkeit der Ursache wahr, wodurch die Ursache mit der Wirkung verknüpft und in ihrer Wirksamkeit untrüglich ist. Man nimmt durch lange Gewohnheit eine solche Weise des Denkens an, dass man bei dem Eintritt der Ursache deren gewöhnlichen Begleiter unmittelbar und sicher erwartet und dass man sich kaum vorstellen kann, wie ein anderer Erfolg daraus hervorgehen könne.

Nur bei Wahrnehmung ausserordentlicher Ereignisse, wie Erdbeben, Pest, Wunder aller Art, findet man sich in Verlegenheit, wenn eine eigentliche Ursache und die Art bezeichnet werden soll, wie die Wirkung hervorgebracht wurde. Gewöhnlich nimmt man in solchen schwierigen Fällen seine Zuflucht zu einem unsichtbaren, geistigen Prinzip, als unmittelbarer Ursache eines solchen überraschenden Vorganges; man meint, dass ein solcher nicht von den gewöhnlichen Naturkräften abgeleitet werden könne. Aber weiterdenkende Philosophen bemerken leicht, dass diese Wirksamkeit der Ursache in den bekanntesten Vorgängen ebenso unerkennbar ist als in den seltensten, und dass man nur durch Erfahrung die häufige Verbindung von Gegenständen kennen lernt, ohne doch die wahre Verknüpfung derselben erfassen zu können. Viele Philosophen halten sich deshalb aus Vernunftgründen verpflichtet, für alle Fälle dasselbe Prinzip anzunehmen, was die grosse Masse nur bei wunderbaren und übernatürlichen zu Hilfe ruft. Sie nehmen an, dass die Vernunft und der Geist nicht allein die letzte und ursprüngliche Ursache aller Dinge sei, sondern auch die unmittelbare und einzige Ursache von jedem natürlichen Ereignis. Sie behaupten, dass die Dinge, welche man gewöhnlich Ursachen nennt, in Wahrheit nur Veranlassungen sind, und dass das wahre und unmittelbare Prinzip jeder Wirkung nicht eine Kraft oder Macht in der Natur, sondern ein Wollen des höchsten Wesens ist, welches bestimmt, dass solche besondere Gegenstände für immer miteinander verbunden sein sollen. Anstatt zu sagen, dass eine Billardkugel die andere durch eine von dem Urheber der Natur überkommene Kraft bewegt, ist es nach ihnen die Gottheit selbst, welche durch ein besonderes Wollen die zweite Kugel bewegt, indem sie zu dieser Handlung durch den Stoss der ersten Kugel bestimmt wird, und zwar infolge der allgemeinen Gesetze, welche sie sich selbst in ihrer Regierung der Welt auferlegt hat. Indes bemerken Philosophen, die in ihren Untersuchungen weiter gehen, bald, dass so wenig, wie die Kraft bekannt ist, durch welche Körper aufeinander wirken, es ebensowenig die Kraft ist, von welcher die Wirksamkeit der Seele auf den Körper und des Körpers auf die Seele abhängt. Man kann weder durch äussere noch innere Wahrnehmung das letzte Prinzip in dem einen Falle näher angeben als in dem andern. Die gleiche Unwissenheit treibt zu der gleichen Folgerung. Jene behaupten, dass die Gottheit die unmittelbare Ursache der Verbindung von Seele und Leib ist; nicht die Sinnesorgane sollen durch ihre Erregung von äusseren Gegenständen die Empfindung in der Seele hervorbringen, sondern ein besonderes Wollen unseres allmächtigen Schöpfers, welcher infolge einer solchen Erregung des Organs eine solche Empfindung erweckt. Ebenso ist es nicht die Willenskraft, welche die örtliche Bewegung der Glieder veranlasst, sondern Gott selbst, welchem es beliebt, unser an sich ohnmächtiges Wollen zu unterstützen und jene Bewegung zu gebieten, die man irrtümlich der eigenen Kraft und Wirksamkeit zuschreibt. Auch bleiben die Philosophen nicht bei dieser Annahme stehen; sie dehnen bisweilen diesen Einfluss auf die inneren Vornahmen der Seele aus. Unsere geistigen Anschauungen oder Begriffe sollen nur eine Offenbarung sein, welche der Schöpfer uns macht. Wenn wir freiwillig unsere Gedanken auf einen Gegenstand richten und sein Bild in der Einbildung aufstellen, so soll nicht der Wille diesen Begriff erzeugen, sondern der Schöpfer der Welt, welcher ihn der Seele enthüllt und vergegenwärtigt.

So ist nach diesen Philosophen jedes Ding von Gott erfüllt. Sie begnügen sich nicht mit dem Grundsatze, dass alles nur durch seinen Willen, und die Kraft nur durch seine Zulassung besteht; sie nehmen auch der Natur und allen erschaffenen Wesen jede Macht, um ihre Abhängigkeit von Gott noch ersichtlicher und unmittelbarer zu machen. Sie bedenken nicht, dass sie durch diese Lehre die Grösse jener Eigenschaften, die sie so hoch erheben wollen, vielmehr verkleinern statt vergrössern. Denn es zeigt offenbar mehr Macht in der Gottheit an, wenn sie einen gewissen Grad von Kraft den niederen Wesen überweist, als wenn sie alles durch ihren unmittelbaren Willen vollbringt. Es zeigt mehr Weisheit, wenn der Bau der Welt mit so vollkommener Voraussicht eingerichtet ist, dass sie von selbst und durch ihre eigene Thätigkeit den Zwecken der Vorsehung dient, als wenn der Schöpfer jeden Augenblick genötigt ist, ihre Teile zurecht zu stellen und durch seinen Atem alle Räder dieser ungeheuern Maschine zu beseelen. Verlangt man indes eine philosophischere

Widerlegung dieser Lehre, so werden vielleicht die zwei folgenden Erwägungen genügen.

Erstlich scheint es mir, dass diese Lehre von der allgemeinen Wirksamkeit und Beihilfe des höchsten Wesens zu kühn ist, um jemand zu überzeugen, welcher die Schwäche der menschlichen Vernunft und die engen Grenzen, in die sie bei ihrer Thätigkeit eingeschlossen ist, genügend erkannt hat. Wenn auch die zu dieser Lehre führende Schlusskette noch so logisch wäre, so kann man doch argwöhnen, wenn nicht geradezu behaupten, dass sie uns weit über das Gebiet unserer Fähigkeiten hinausführt, insofern sie zu so ausserordentlichen und vom gewöhnlichen Leben und der Erfahrung so weit abliegenden Schlüssen leitet. Wir sind in das Wunderland schon vor den letzten Schritten dieser Lehre eingetreten, und da kann unseren gewöhnlichen Beweis-Methoden nicht mehr vertraut werden, da haben unsere gewöhnlichen Analogien und Wahrscheinlichkeiten keine Geltung. Die Leine des Senkbleis ist zu kurz, um den Boden eines so unendlichen Abgrundes zu erreichen. Wenn man sich auch schmeichelt, dass eine gewisse Wahrscheinlichkeit und Erfahrung den Führer bei jedem unserer Schritte abgiebt, so hat doch diese vermeintliche Erfahrung sicherlich bei Gegenständen keine Geltung, welche überhaupt ausserhalb des Kreises der Erfahrung liegen. Wir werden später hierauf zurückkommen. (In Abschnitt XII.)

Zweitens kann ich die Beweise, auf welche diese Lehre sich stützt, nicht als überzeugend anerkennen. Wir kennen allerdings nicht die Art, in welcher Körper aufeinander wirken; ihre Kraft und Wirksamkeit ist uns ganz unbegreiflich; aber ist uns die Art und Kraft nicht ebenso unbekannt, wodurch ein Geist, und selbst der höchste Geist, auf sich oder einen Körper wirkt? Ich frage, woher nehmen wir die Vorstellung davon? In uns haben wir keine Empfindung oder Bewusstsein von dieser Kraft. Wir wissen von dem höchsten Wesen nur, was wir durch Betrachtung der eigenen Vermögen von diesen ableiten. Wäre daher unsere Unwissenheit ein genügender Grund, um etwas zurückzuweisen, so würde man eher auf das Prinzip kommen, alle Wirksamkeit ebenso bei dem höchsten Wesen, wie bei dem gröbsten Stoff zu leugnen; denn wir verstehen die Wirksamkeit des Einen so wenig, wie die des Andern. Ist es schwerer, sich vorzustellen, dass die Bewegung vom Stosse entspringt, als dass sie vom Wollen entspringt? Alles, was wir wissen, ist nur unsere gänzliche Unwissenheit in beiden Fällen.

Abschnitt II.

Es wird Zeit, mit dieser Untersuchung, die schon zu lang geworden, zu Ende zu kommen. Wir haben vergeblich nach dem Begriff einer Kraft oder notwendigen Verbindung in all den Quellen gesucht, aus denen er möglicherweise abfliessen könnte. Es erhellt, dass wir bei den einzelnen körperlichen Vorgängen, auch selbst bei der grössten Genauigkeit, nur die Folge des Einen auf das Andere wahrnehmen; aber keine Kraft oder Macht erfassen, durch welche die Ursache wirkt, und kein Band zwischen ihr und der angenommenen Wirkung. Dieselbe Schwierigkeit zeigt sich bei Betrachtung der Wirksamkeit der Seele auf den Körper; wir sehen dem Wollen der ersten die Bewegung des letzteren folgen, aber können das Band, welches Bewegung und Wollen verknüpft, oder die Wirksamkeit, wodurch die Seele diese Bewegung hervorbringt, nicht wahrnehmen oder erfassen. Die Gewalt des Willens über seine eigenen Vermögen oder Gedanken ist nicht um ein Haar begreiflicher; kurz, in der ganzen Natur zeigt sich nicht ein einziger Fall von Verknüpfung, den man erfassen könnte. Alle Ereignisse erscheinen völlig lose und getrennt; Eines folgt dem Andern, aber niemals können wir ein Band zwischen ihnen wahrnehmen. Sie scheinen verbunden, aber nie verknüpft. Da man keinen Begriff von einer Sache haben kann, welche weder äusserlich noch innerlich wahrgenommen wird, so scheint notwendig zu folgen, dass wir überhaupt keinen Begriff von Verknüpfung oder Kraft haben, und dass diese Worte, sowohl im philosophischen Untersuchen wie im gewöhnlichen Leben ohne Sinn sind.

Indes bleibt noch ein Weg, um dieser Folgerung zu entgehen, und eine Quelle, die wir noch nicht untersucht haben. Es ist ohne Erfahrung trotz allen Scharfsinns unmöglich, von einem natürlichen Gegenstande oder Ereignisse seine Folge zu entdecken oder nur zu erraten; man kann mit dem Wissen nicht über den Gegenstand hinauskommen, der dem Gedächtnis oder den Sinnen unmittelbar gegenwärtig ist. Selbst nach einem Falle oder Versuche, wo die besondere Folge bemerkt worden, bat man noch kein Recht, eine allgemeine Regel daraus zu bilden oder das vorauszusagen, was in gleichen Fällen eintreten werde. Es gilt mit Recht als eine unverzeihliche Dreistigkeit, von einem einzelnen, wenn auch noch so genauen und gewissen Versuche auf den Lauf der Natur zu schliessen. Ist aber eine besondere Art von Ereignissen immer und in allen Fällen miteinander verbunden gewesen, so ist man nicht länger bedenklich, beim Eintritt des Einen das Andere vorauszusagen und die Schlussweise anzuwenden, welche uns allein über Thatsachen und Dasein

Gewissheit geben kann. Man nennt dann das Eine die Ursache und das Andere die Wirkung; man nimmt eine Verknüpfung zwischen ihnen an und eine gewisse Kraft in dem Einen, durch welche das Andere unfehlbar hervorgebracht wird, und welche mit der grössten Gewissheit und strengsten Notwendigkeit wirkt.

Der Begriff einer notwendigen Verknüpfung der Vorgänge scheint daher aus der Beobachtung einer Anzahl ähnlicher Fälle, welche diese beständige Verbindung darlegen, hervorzugehen; der einzelne Fall kann diesen Begriff nie zuführen, wenn man ihn auch von allen Seiten beleuchtet und prüft. Eine Anzahl von Fällen, welche als völlig gleich vorausgesetzt worden sind, hat aber nichts Unterscheidendes von dem einzelnen Fall, ausgenommen, dass infolge der Wiederholung solcher gleichen Fälle der Verstand durch Gewohnheit veranlasst wird, beim Auftreten des einen seinen gewöhnlichen Begleiter zu erwarten und zu glauben, dass er ins Dasein treten werde. Diese Verknüpfung, welche wir in der Seele fühlen, dieser gewohnte Übergang des Vorstellens von einem Gegenstande zu seinem gewöhnlichen Begleiter ist also die Empfindung oder der Eindruck, aus dem der Begriff der Kraft oder notwendigen Verknüpfung gebildet wird. Nur so liegt die Sache. Man betrachte die Frage von allen Seiten, man wird keinen andern Ursprung dieses Begriffes entdecken. Darin liegt der einzige Unterschied zwischen einem einzelnen Falle, aus welchem man nie den Begriff einer Verknüpfung gewinnen kann, und einer Anzahl gleicher Fälle, welche ihn uns zuführt. Wenn jemand das erste Mal die Mitteilung der Bewegung durch Stoss wahrnimmt, z. B. zweier Billardkugeln, so kann er nicht sagen, dass das Eine mit dem Andern verknüpft sei, sondern nur dass sie verbunden waren. Erst wenn er mehrere Fälle wahrgenommen hat, sagt er, dass sie verknüpft sind. Was hat sich nun ereignet, um diesen neuen Begriff der Verknüpfung zu erwecken? Nichts, als dass er nunmehr fühlt, wie diese Ereignisse in seinem Vorstellen verknüpft sind, so dass er bei dem Eintritt des Einen die Existenz des Andern gleich voraussehen kann. Wenn man daher von der Verknüpfung zweier Gegenstände spricht, so meint man nur, dass sie im Vorstellen eine Verbindung gewonnen haben und damit die Folgerung des Einen auf das Andere wachrufen. Ein solcher Schluss scheint allerdings etwas sonderbar, aber er besitzt doch genügende Beweiskraft; und diese wird auch nicht durch allgemeines Misstrauen in den Verstand oder skeptische Zweifel gegen eine neue und ungewohnte Folgerung geschwächt. Solche Folgerungen sind dem Skepticismus die willkommensten; sie decken die Schwäche und engen Grenzen des menschlichen Verstandes und Vermögens auf.

Und welcher stärkere Beweis als dieser könnte für die erstaunliche Schwäche und Unwissenheit des Verstandes beigebracht werden? Wenn irgend eine Beziehung zwischen Dingen vollkommen zu kennen für uns von Bedeutung ist, so ist es die von Ursache und Wirkung. Darauf stützen sich alle unsere Schlüsse über Thatsächliches und Dasein. Dadurch allein erreichen wir Gewissheit über Dinge, welche des gegenwärtigen Zeugnisses des Gedächtnisses und der Sinne entbehren. Der einzige unmittelbare Nutzen aller Wissenschaften besteht darin, dass sie uns lehren, wie man kommende Ereignisse durch ihre Ursache beherrschen und leiten kann. Unser Vorstellen und Nachdenken ist fortwährend mit dieser Beziehung beschäftigt. Und doch sind die Begriffe, die man von ihr bildet, so unvollkommen, dass man keine richtige Definition der Ursache geben kann, wenn man nicht ein ihr Äusserliches und Fremdes mit hinzuzieht. Ähnliche Gegenstände sind immer mit ähnlichen verknüpft. Dies sagt uns die Erfahrung. Dem entsprechend kann man die Ursache definieren, als einen Gegenstand, dem ein anderer folgt, so dass alle dem ersten ähnlichen Gegenstände solche, die dem zweiten ähnlich sind, zur Folge haben. Oder mit anderen Worten: So dass, wenn das erste Ding nicht gewesen wäre, das zweite niemals hätte entstehen können. Der Eintritt einer Ursache führt den Verstand durch einen gewohnten Übergang immer zur Vorstellung der Wirkung. Dies lehrt die Erfahrung ebenfalls. Man kann danach noch eine andere Definition der Ursache geben, als eines Gegenstandes, dem ein anderer folgt, und dessen Eintritt immer die Gedanken auf diesen anderen führt. Obgleich beide Definitionen von Umständen, die der Ursache fremd sind, entlehnt sind, kann man doch diesem Übelstand nicht abhelfen, noch eine bessere Definition geben, welche in der Ursache den Umstand bezeichnet, der sie mit ihrer Wirkung verknüpft. Man hat keinen Begriff von dieser Verknüpfung, ja nicht einmal einen bestimmten Begriff von dem, was man damit fordert. So sagt man z. B. das Zittern der Saite sei die Ursache des Tones. Aber was versteht man unter diesem Satz? Man meint entweder: Dass dieser Ton dieser Schwingung nachfolgt, und dass allen ähnlichen Schwingungen ähnliche Töne gefolgt sind; oder: Dass diese Schwingung von diesem Ton gefolgt ist, und dass bei dem Eintritt des einen die Seele den Sinnen vorgreift und unmittelbar die Vorstellung des andern bildet. Man kann die Beziehung einer Ursache und Wirkung in ein oder der anderen Weise auffassen; aber darüber hinaus hat man keinen Begriff von ihr.

Fassen wir das in diesem Abschnitt Gesagte zusammen, so ist jede Vorstellung von einem vorgehenden Eindruck oder einer Empfindung abgenommen; wo kein Eindruck zu finden ist, da ist sicherlich auch keine Vorstellung vorhanden. In allen einzelnen Fällen von Wirksamkeit der Körper oder Seelen erweckt nichts den Eindruck von Kraft oder notwendiger Verbindung und kann deshalb auch nichts die Vorstellung davon veranlassen. Wenn aber mehrere gleiche Fälle eintreten, und derselbe Gegenstand immer von demselben Erfolge begleitet ist, so beginnt man den Begriff von Ursache und Wirkung zu bilden. Man fühlt dann einen neuen Eindruck oder eine Empfindung, nämlich eine gewohnheitsmässige Verbindung im Denken und Vorstellen zwischen einem Gegenstand und seinem gewöhnlichen Begleiter. Und diese Empfindung ist das Urbild von dem Begriff, den wir suchten. Dieser Begriff geht nur aus einer Anzahl gleicher Fälle und nicht aus einem einzelnen Falle hervor; also muss er aus dem entspringen, was die Anzahl von dem einzelnen Fall unterscheidet. Diese gewohnte Verknüpfung und dieser Übergang innerhalb des Vorstellens ist das Einzige, worin beide sich unterscheiden; in allem Anderen sind sie gleich. Der erste Fall, wo man die Mitteilung der Bewegung durch den Stoss von zwei Billardkugeln wahrnahm (um zu diesem deutlichen Beispiel zurückzukehren), ist genau jedem später vorkommenden Falle gleich; ausgenommen, dass man bei dem erstenmale von dem einen Ereignis nicht auf das andere schliessen konnte, was wir jetzt nach einer langen Reihe gleicher Erfahrungen im stande sind. Ich weiss nicht, ob der Leser diese Darstellung leicht fassen wird; wollte ich aber noch mehr Worte verwenden oder den Gegenstand in mannichfacheres Licht stellen, so fürchte ich, ihn nur dunkler und verworrener zu machen. In allen abstrakten Untersuchungen giebt es einen Gesichtspunkt, der, wenn wir ihn glücklich treffen, den Gegenstand besser erläutert als alle Beredtsamkeit und aller Wortreichtum der Welt. Diesen Gesichtspunkt sollten wir zu gewinnen versuchen; den Schmuck der Beredtsamkeit aber für Gegenstände aufbewahren, die dazu geschickter sind.

Abteilung VIII.

Über Freiheit und Notwendigkeit.

Abschnitt I.

Man sollte billig erwarten, dass in Fragen, welche seit dem Bestehen der Wissenschaften und Philosophie mit Eifer erwogen und verhandelt worden sind, wenigstens über den Sinn der Worte unter den Streitenden Übereinstimmung herrsche, und dass die Anstrengungen von zweitausend Jahren wenigstens ermöglicht hätten, von den Worten zu dem wirklichen und wahren Streitgegenstand überzugehen. Es scheint ja so leicht, genaue Definitionen der in der Untersuchung gebrauchten Ausdrücke zu geben und diese Definitionen und nicht den leeren Schall der Worte zum Gegenstand der Forschung und Prüfung zu machen. Tritt man indes der Sache näher, so ergiebt sich das Entgegengesetzte. Ist eine Streitfrage schon lange verhandelt und noch heute unentschieden, so kann man sicher abnehmen, dass irgend eine Zweideutigkeit im Ausdrucke besteht, und dass die Kämpfer den in ihrem Streite gebrauchten Worten einen verschiedenen Sinn unterlegen; denn die Seelenkräfte gelten von Natur bei Allen als gleich, sonst wäre alles Begründen und Streiten vergeblich. Wenn die Menschen daher denselben Sinn mit den Worten verbänden, so könnten sie unmöglich so lange verschiedener Meinung über ein und dasselbe sein; besonders, wenn sie sich ihre Ansichten mitteilen, und jeder Teil nach allen Richtungen Beweisgründe aufsucht, um den Sieg über den Gegner zu gewinnen. Wenn man allerdings Fragen verhandelt, die ganz ausserhalb des Bereiches menschlicher Fähigkeit liegen, z. B. über den Ursprung der Welt oder über die Einrichtung der Verstandeswelt und der des Geisterreichs, so mag man lange den fruchtlosen Streit erschallen lassen und nie zu einem bestimmten Schlusssatz gelangen. Betrifft aber die Frage irgend einen Gegenstand des gewöhnlichen Lebens und der Erfahrung, so können sicherlich nur zweideutige Ausdrücke den Streit so lange unentschieden hinhalten; nur diese können die Gegner in einer gewissen Entfernung von einander halten und sie nicht zum Ringen kommen lassen.

Dies ist der Fall in dem langen Streit über Freiheit und Notwendigkeit gewesen. Es ist dies um so auffallender, als, wenn ich nicht sehr irre, sich ergeben wird, dass in dieser Frage jedermann, der Gelehrte wie der Ungelehrte, derselben

Ansicht gewesen ist, und einige wenige verständliche Definitionen dem ganzen Streite ein Ende gemacht haben würden. Der Streit ist so vielfach von aller Welt geführt und hat die Philosophen in ein solches Wirrsal dunkler Sophisterei verwickelt, dass man sich nicht wundern darf, wenn verständige Leser sich wegwenden und von einer Erörterung dieser Frage nichts mehr hören mögen, die weder Unterhaltung noch Belehrung verspricht. Indes wird die hier folgende Darstellung vielleicht die Aufmerksamkeit erregen, da sie neu ist, die Entscheidung des Streites verheisst und das Behagen des Lesers nicht durch verwickelte und dunkle Ausführungen stören wird.

Ich hoffe also klar zu machen, dass alle Menschen in der Lehre von der Freiheit und Notwendigkeit eines Sinnes gewesen sind, sobald man diesen Worten einen vernünftigen Sinn unterlegt, und dass der ganze Streit sich bisher nur um Worte gedreht hat. Ich werde mit Prüfung der Lehre von der Notwendigkeit beginnen.

Man erkennt allgemein an, dass der Stoff in all seinen Verrichtungen durch eine notwendige Kraft geleitet wird, und dass jede natürliche Wirkung so genau durch die Wirksamkeit ihrer Ursache bestimmt wird, dass keine andere Wirkung unter diesen Umständen daraus hervorgehen kann. Der Grad und die Richtung jeder Bewegung ist durch die Naturgesetze mit solcher Schärfe vorgeschrieben, dass eher ein lebendes Wesen aus dem Stoss zweier Körper hervorgehen kann, als eine Bewegung von anderer Stärke und Richtung als die wirklich hervorgebrachte. Will man daher einen richtigen und genauen Begriff von der Notwendigkeit sich bilden, so muss man sehen, woher der Begriff kommt, wenn man ihn auf Vorgänge der Körperwelt anwendet.

Wenn alle Naturvorgänge in der Weise statt hätten, dass keine zwei einander irgend ähnlich wären, sondern jeder ein eigentümlicher für sich, ohne Ähnlichkeit mit irgend einem früheren, so würde man dann offenbar den Begriff der Notwendigkeit oder der Verknüpfung dieser Gegenstände nie gebildet haben. Man könnte dann wohl sagen, dass eine Sache der andern gefolgt sei, aber nicht, dass die eine die andere hervorgebracht habe. Die Beziehung von Ursache und Wirkung wäre dann dem Menschen ganz unbekannt. Schlüsse und Begründungen in bezug auf Naturvorgänge hätten dann sogleich ein Ende, und das Gedächtnis und die Sinne würden die einzigen Kanäle sein, durch welche das Wissen um eine reale Existenz möglicherweise in die Seele eintreten könnte.

Unser Begriff einer Notwendigkeit und Kausalität entspringt also lediglich aus der wahrnehmbaren Gleichförmigkeit in der Natur, in welcher gleiche Dinge immer miteinander verknüpft sind und der Verstand durch Gewohnheit bestimmt wird, von dem einen auf das andere zu schliessen. Diese beiden Umstände bilden das Wesen von jener Notwendigkeit, welche wir dem Stoffe beilegen. Ausser der beständigen Verbindung gleicher Dinge und der richtigen Folgerung des einen aus dem andern haben wir keinen Begriff von Notwendigkeit und Verknüpfung.

Sollte sich zeigen, dass jedermann immer ohne Zaudern und Zweifeln anerkannt hat, dass diese beiden Umstände bei den freiwilligen Handlungen der Menschen und bei den Vorgängen in der Seele bestehen, so folgt, dass jedermann in der Lehre der Notwendigkeit gleichen Sinnes gewesen ist, und dass man sich bisher nur gestritten hat, weil man sich nicht verstanden hat.

Was den ersten Umstand, die feste und regelmässige Verbindung gleicher Ereignisse anlangt, so werden die hier folgenden Betrachtungen vielleicht genügenden Aufschluss gewähren. Man gesteht allgemein zu, dass eine grosse Gleichförmigkeit im menschlichen Handeln bei allen Völkern und zu allen Zeiten besteht, und dass die menschliche Natur in ihren Gesetzen und Vorgängen immer dieselbe bleibt. Die gleichen Beweggründe führen zu denselben Handlungen; die nämlichen Wirkungen folgen den nämlichen Ursachen. Die Ehrsucht, der Geiz, die Selbstliebe, die Eitelkeit, die Feindschaft, der Edelmut, der Gemeingeist: all diese Leidenschaften haben in verschiedenen Mischungen und Austeilungen unter den Menschen von Beginn der Welt und noch heute die Quelle aller Handlungen und Unternehmen unter den Menschen gebildet. Will man die Gedanken, Neigungen und den Lebenslauf der Griechen und Römer kennen, so muss man sorgfältig das Temperament der Franzosen und Engländer studieren. Man wird wenig fehlgreifen, wenn man die meisten Beobachtungen, die mit Rücksicht auf die letztern gemacht sind, auf die ersteren überträgt. Die Menschen sind in allen Zeiten und Orten so sehr dieselben, dass die Geschichte uns hierin nichts Neues oder Fremdes bietet. Ihr Hauptnutzen liegt in der Aufdeckung der festen und allgemeinen Gesetze der menschlichen Natur, indem sie die Menschen in den verschiedensten Verhältnissen und Lagen darstellt und so den Forscher mit Material versorgt, woraus er Beobachtungen bilden und die Kenntnis der regelmässigen Triebfedern menschlichen Handelns und Benehmens gewinnen kann. Die Berichte über Kriege, Umtriebe, Parteiungen und Revolutionen sind ebensoviel Sammlungen von Versuchen, aus welchen der Staatsmann oder Moralphilosoph die Grundsätze seiner Wissenschaft ableitet; gerade wie der Naturforscher und

Naturphilosoph durch Versuche mit der Natur der Pflanzen, Mineralien und anderer Gegenstände bekannt wird. Die Erde, das Wasser und die anderen Elemente, welche Aristoteles und Hippokrates untersucht haben, sind den heutiges Tags untersuchten nicht ähnlicher, als die von Polybius und Tacitus geschilderten Menschen denen, welche jetzt die Welt regieren.

Wenn ein Reisender aus einem fernen Lande zurückkehrte und uns von Menschen erzählte, die ganz verschieden von allen uns bekannten wären; die von Ehrsucht, Geiz und Rachsucht ganz frei wären; denen nur Freundschaft, Edelmut, Opferwilligkeit für das Allgemeine als Genuss gelte, so würde man sogleich an diesen Umständen die Unwahrheit erkennen und ihn für einen Lügner erklären, und zwar so gewiss, als wenn er seine Erzählung mit Geschichten von Centauren und Drachen, Wundern und Ungeheuerlichkeiten aufgeputzt hätte. Will man irgend eine Verfälschung der Geschichte herausbringen, so kann man kein überzeugenderes Mittel benutzen, als nachzuweisen, dass die der Person zugeschriebenen Handlungen geradezu gegen den Lauf der Natur sind, und dass unter solchen Umständen kein menschlicher Beweggrund zu einem solchen Benehmen geführt haben könne. Die Wahrhaftigkeit von Quintus Curtius ist ebenso verdächtig, wo er den übernatürlichen Mut Alexanders beschreibt und ihn allein auf grosse Massen losstürzen lässt, als wo er die übernatürliche Kraft und Behendigkeit beschreibt, mit der er seinen Gegnern zu widerstehen vermochte. So leicht und allgemein erkennt man an, dass in den Beweggründen und Handlungen des Menschen dieselbe Gleichförmigkeit wie in den Verrichtungen der Körper besteht.

Darauf beruht der Nutzen der Erfahrung, die man durch ein langes Leben und mannigfache Thätigkeit und Gesellschaft sammelt; sie lehrt uns die Gesetze der menschlichen Natur und regelt unser künftiges Benehmen und unsere Pläne. Mit diesem Führer lernen wir einerseits die Neigungen und Beweggründe der Menschen aus ihren Handlungen, Reden und Geberden erkennen; andrerseits erklären wir aus ihren Beweggründen und Neigungen ihre Handlungen. Die allgemeinen Beobachtungen, welche wir aus langer Erfahrung aufgespeichert haben, geben den Faden, der uns im Labyrinthe der menschlichen Natur leitet. Vorwände und Schein täuschen dann nicht mehr. Öffentliche Erklärungen gelten dann für Beschönigung des Sachverhalts. Und obgleich man der Tugend und Ehre ihren Wert und ihre Geltung zugesteht, sucht man doch die so oft vorgegebene vollkommene Selbstlosigkeit nicht in der Menge und in den

Parteien, nur selten in ihren Führern und kaum hie und da in einzelnen Männern von Rang und Bedeutung. Bestände nicht diese Gleichförmigkeit im menschlichen Handeln, und wäre jeder hier angestellte Versuch regellos und ungleich, so könnte man keine allgemeine Regeln über Menschen aufstellen, und selbst die noch so sehr durchdachte Erfahrung hätte keinen Nutzen. Weshalb ist der alte Bauer geschickter in seinem Geschäft als der junge Anfänger? Nur weil eine gewisse Gleichförmigkeit zwischen den Wirkungen der Sonne, dem Regen, der Erde und dem Wachstum der Pflanzen besteht, und weil die Erfahrung dem alten Praktiker die Regeln gelehrt hat, wodurch dieser Einfluss bestimmt und geleitet wird.

Man darf indes nicht meinen, dass diese Gleichförmigkeit menschlichen Handelns so weit gehe, dass alle unter denselben Umständen genau in gleicher Weise handeln, ohne Rücksicht auf den Unterschied des Charakters, der Vorurteile und Meinungen. Eine solche bis in das Kleinste reichende Gleichförmigkeit zeigt sich in keinem Teile der Natur. Man kann im Gegenteil aus der Mannichfaltigkeit des Benehmens Mehrerer eine grössere Mannichfaltigkeit von Regeln bilden, welche immer noch einen Grad von Gleichförmigkeit und Regelmässigkeit voraussetzen.

Sind nicht die Sitten der Menschen verschieden je nach verschiedenen Zeiten und Ländern? Daraus erhellt die grosse Macht der Gewohnheit und Erziehung, die die Seele von der Kindheit ab bearbeiten und zum festen Charakter bilden. Ist das Benehmen und die Aufführung der Männer nicht sehr verschieden von der der Frauen? Daraus geht der Unterschied der Charaktere hervor, welche die Natur den beiden Geschlechtern erteilt hat, und die sie beharrlich und gleichmässig bewahrt. Sind nicht die Handlungen desselben Menschen sehr verschieden nach den verschiedenen Perioden seines Lebens, nach Kindheit und Alter? Daraus können viele Beobachtungen über den allmählichen Wechsel unserer Empfindungen und Neigungen gemacht werden, und über den Unterschied der Grundsätze, welche in den verschiedenen Lebensaltern des Menschen die Oberhand haben. Selbst der individuelle Charakter zeigt Gleichförmigkeit in seiner Einwirkung, sonst könnte man aus der Kenntnis der Personen und der Beobachtung ihres Benehmens nicht auf ihre Absichten schliessen und das eigene Benehmen danach einrichten.

Ich gebe zu, dass man Handlungen aufzeigen kann, welche keine regelmässige Verbindung mit einem bekannten Beweggrunde zu haben scheinen und eine Ausnahme zu allen Regeln des Benehmens bilden, welche für die Leitung des

Menschen aufgestellt worden sind. Wenn man aber ein Urteil über solche unregelmässige und ausnahmsweise Handlungen haben will, so muss man auf die Ansichten zurückgehen, die über unregelmässige Erscheinungen im Laufe der Natur und bei den Vorgängen der äusseren Gegenstände sich bilden. Alle Ursachen sind nicht mit derselben Gleichförmigkeit mit ihren Wirkungen verknüpft. Ein Handwerker, der nur einen rohen Stoff verarbeitet, kann in seiner Absicht ebenso irregeführt werden als ein Staatsmann, dem die Führung geistiger und empfindender Kräfte obliegt.

Die Menge, welche die Dinge nach ihrem ersten Anschein beurteilt, schreibt die Unsicherheit des Erfolges einer Unsicherheit in der Ursache zu, die sie ihre Wirkung manchmal verfehlen lässt, wenn auch kein Hindernis ihrer Thätigkeit entgegentritt. Aber Philosophen bemerken, dass beinah in allen Gebieten der Natur eine grosse Mannichfaltigkeit von wirkenden Kräften und Prinzipien besteht, welche wegen ihrer Kleinheit oder Entfernung nicht bemerkt werden, und erkennen es wenigstens als möglich an, dass der Widerspruch im Erfolge nicht von einer Zufälligkeit in der Ursache, sondern von den geheimen Wirkungen von Gegenursachen herrührt. Fortgesetzte Beobachtung verwandelt diese Möglichkeit in Gewissheit; man bemerkt bei genauer Untersuchung immer, dass der Gegensatz der Wirkung einen Gegensatz in den Ursachen verrät und aus deren wechselseitiger Hemmung entspringt. Ein Bauer kann, wenn die Uhr stehen bleibt, keinen Grund dafür angeben, als dass sie nicht richtig gegangen sei; aber der Sachverständige weiss, dass dieselbe Kraft der Feder oder des Pendels immer dieselbe Kraft auf die Räder übt, und dass diese gewohnte Wirkung hier vielleicht nur durch ein Sandkorn, welches die Bewegung aufhält, ausbleibt. Aus der Beobachtung verschiedener gleichlaufender Fälle entnehmen die Philosophen den Grundsatz, dass die Verknüpfung zwischen allen Ursachen und Wirkungen gleich notwendig ist, und dass die anscheinenden Ausnahmen in einzelnen Fällen nur von geheimen Gegenwirkungen entgegengesetzter Ursachen herkommen.

Wenn z. B. bei dem menschlichen Körper die gewöhnlichen Zeichen von Gesundheit und Krankheit unser Urteil täuschen; wenn die Medizin nicht in gewöhnlicher Weise wirkt; wenn unregelmässige Erfolge sich an eine besondere Ursache knüpfen, so ist der Philosoph und Arzt nicht darüber verwundert; sie bestreiten deshalb im allgemeinen nicht die Notwendigkeit und Gleichförmigkeit der Prinzipien, welche das tierische Leben regieren. Sie wissen, dass der menschliche Körper eine ausserordentlich verwickelte Maschine ist;

dass viele geheime Kräfte in ihm lauern, von denen man keine Vorstellung hat; dass er uns in seiner Wirksamkeit oft unregelmässig erscheinen muss, und dass deshalb diese unregelmässigen Folgen, welche sich äusserlich zeigen, nicht beweisen, dass die Naturgesetze nicht die grösste Regelmässigkeit in ihrer inneren Wirksamkeit und Herrschaft innehalten.

Will der Philosoph folgerecht sein, so muss er dasselbe von den Handlungen und dem Wollen verständiger Wesen gelten lassen. Die unregelmässigsten und unerwartetsten Entschlüsse eines Menschen werden von dem verstanden, der alle Einzelheiten seines Charakters und seiner Lage kennt. Ein gutmütiger Mensch giebt eine mürrische Antwort; aber er hat Zahnschmerzen oder hat noch nicht zu Mittag gegessen. Ein dummer Mensch zeigt eine ungewohnte Lebhaftigkeit in seinem Benehmen; aber es ist ihm plötzlich etwas Angenehmes begegnet. Und wenn für eine Handlung zu Zeiten keine genügende Erklärung, weder von dem Handelnden selbst noch von Andern gegeben werden kann, so wissen wir ja, dass die Charaktere der Menschen bis zu einem gewissen Grade unbeständig und unregelmässig sind. Es ist dies gewissermassen der feste Zug in der menschlichen Natur, obgleich er insbesondere für solche gilt, welche keine Regel in ihrem Benehmen festhalten, sondern sich in einer fortlaufenden Reihe von Laune und Unbeständigkeit bewegen. Trotz dieser anscheinenden Unregelmässigkeit können die inneren Prinzipien und Beweggründe regelmässig wirken; wie man ja auch bei dem Winde, dem Regen, den Wolken und anderem Wechsel des Wetters feste Gesetze für ihr Eintreten voraussetzt, die nur der menschliche Scharfsinn und die Beobachtung nicht leicht entdecken können.

So zeigt sich, dass die Verbindung zwischen Beweggrund und willkürlichem Handeln ebenso regelmässig und gleichförmig ist wie die zwischen Ursache und Wirkung in allen Gebieten der Natur. Diese regelmässige Verbindung wird von jedermann anerkannt und ist weder im Leben noch in der Philosophie bestritten worden. Da nur aus früherer Erfahrung wir alle Schlüsse für die Zukunft ziehen, und da man annimmt, dass Gegenstände, die man immer verbunden angetroffen hat, auch immer verbunden bleiben werden, so ergiebt sich von selbst, dass diese wahrgenommene Gleichförmigkeit des menschlichen Handelns die Quelle ist, aus der wir die Schlüsse für dasselbe ableiten. Um indes die Frage noch weiter zu beleuchten, will ich zu diesem letzten Punkte noch Einiges bemerken.

Die gegenseitige Abhängigkeit der Menschen in allen Gemeinschaften derselben ist so gross, dass kaum irgend eine menschliche Handlung in sich selbst so abgeschlossen und ohne Beziehung auf die Handlungen Anderer ist, dass ohne diese die Absicht des Handelnden erreichbar wäre. Der ärmste Handwerker, der für sich allein arbeitet, hofft mindestens auf den Schutz der Obrigkeit, um ihm den Genuss der Früchte seiner Arbeit zu sichern. Ebenso erwartet er, dass er, wenn er seine Waaren zu Markte bringt und billige Preise stellt, Käufer finden werde und dass er mit dem gelösten Gelde Andere wird bestimmen können, ihn mit dem, was er zu seinem Lebensunterhalte bedarf, zu versehen. Je weiter die Menschen ihre Thätigkeit ausdehnen, und je verwickelter der Verkehr mit Andern wird, desto grösser wird bei ihren Plänen die Mannichfaltigkeit der willkürlichen Handlungen, welche sich, nach ihren eigentümlichen Beweggründen, mit den ihrigen verbinden sollen. Bei allen diesen Entschlüssen fasst man seine Massregeln nach früheren Erfahrungen, wie bei den Erwägungen rücksichtlich äusserer Gegenstände, und man ist überzeugt, dass die Menschen, ebenso wie die Elemente, in ihrer Wirksamkeit genau so bleiben werden, wie man sie immer gefunden hat. Ein Fabrikant rechnet auf die Arbeit seiner Leute für die Fertigung seiner Waren ebenso sicher wie auf die Wirksamkeit der Werkzeuge, welche er dabei benutzt, und er würde ebenso überrascht sein, wenn er in seinen Erwartungen getäuscht würde. Kurz, dieses Schliessen aus Erfahrung auf die Handlungen Anderer dringt so in das Leben ein, dass niemand im wachen Zustande auch nur einen Augenblick davon ablässt. Kann man daher nicht mit Recht behaupten, dass alle Menschen in der Lehre von der Notwendigkeit nach der obigen Definition und Erläuterung derselben immer übereingestimmt haben?

Selbst Philosophen haben in diesem Punkte keine, von der gemeinen abweichende Ansicht; denn abgesehen davon, dass beinahe jede Handlung ihres Lebens von dieser Ansicht ausgeht, giebt es auch wenige Zweige des spekulativen Wissens, für welche sie nicht wesentlich wäre. Was sollte aus der Geschichte werden, vertraute man nicht der Wahrhaftigkeit des Geschichtsschreibers der Erfahrung gemäss, die man über die Menschen besitzt? Wie könnte die Politik eine Wissenschaft sein, wenn die Gesetze und Verwaltungsformen nicht einen gleichmässigen Einfluss auf die Gesellschaft übten? Wo bliebe die Grundlage der Moral, wenn ein bestimmter Charakter nicht die sichere und bestimmte Macht hätte, bestimmte Entschlüsse hervorzurufen, und wenn diese Entschlüsse nicht eine regelmässige Wirksamkeit auf die Handlung hätten? Und mit welchem Rechte könnte man die Kritik über einen Dichter oder ästhetischen Schriftsteller üben, wenn man das Benehmen und die Gesinnungen seiner Personen ihren Charakteren und Verhältnissen gemäss weder als natürlich noch als unnatürlich beurteilen könnte? Man kann sich daher weder mit einer Wissenschaft noch mit einer Handlung befassen, ohne die Lehre von der Notwendigkeit und die Schlussfolgerungen vom Beweggrunde auf die willkürliche Handlung und vom Charakter auf das Benehmen anzuerkennen.

Betrachtet man, wie eng die natürliche und moralische Gewissheit miteinander verkettet sind und zusammen nur eine Reihe von Schlüssen bilden, so wird man sicherlich anerkennen, dass sie gleicher Natur sind und aus denselben Prinzipien sich ableiten. Ein Gefangener, welcher weder Geld noch Einfluss hat, erkennt die Unmöglichkeit seiner Flucht, sowohl wenn er den Widerstand seines Wächters bedenkt, als wenn er die Mauern und Schranken betrachtet. Bei allen Freiheitsversuchen arbeitet er noch eher gegen Stein und Eisen der letztern, als gegen die unbeugsame Natur des erstern. Wenn dieser Gefangene zum Schaffot geführt wird, so weiss er, dass die Gewissheit seines Todes ebenso durch die Festigkeit und Treue der Wächter, als durch die Wirksamkeit des Beils und Rades bedingt ist. Seine Gedanken bewegen sich in einer bestimmten Reihe von Vorstellungen, als: Die Weigerung der Soldaten, ihn entwischen zu lassen, die Handlung des Scharfrichters, die Trennung des Kopfes vom Rumpfe, das Verbluten, die krampfhaften Zuckungen und der Tod. Hier sind natürliche Ursachen und willkürliche Handlungen verkettet; aber der Verstand macht beim Übergang von dem einen zum andern keinen Unterschied zwischen ihnen, und er ist der kommenden Begebenheit ebenso sicher, als wenn sie durch eine Reihe von Ursachen, die durch Naturnotwendigkeit, wie wir zu sagen pflegen, aneinandergekittet sind, mit Dingen verknüpft wären, die dem Gedächtnis und den Sinnen gegenwärtig sind. Eine durch die Erfahrung bekannte Verbindung wirkt immer wieder gleichartig auf den Verstand, mögen die verbundenen Dinge Beweggründe, Wollen und Handlungen oder Gestalten und Bewegungen sein. Wir können wohl die Namen der Dinge ändern, aber deren Natur und Wirksamkeit auf den Verstand ändert sich nicht.

Kommt ein mir als ehrlich und reich bekannter und mir befreundeter Mann in mein Haus, wo ich von meinen Leuten umgeben bin, so bin ich so sicher, dass er mich nicht vor seinem Fortgehen erstechen wird, um mein Silberzeug zu rauben, als ich sicher bin, dass mein neues und fest gebautes Haus nicht einfallen wird. – Aber er könnte von einem plötzlichen Wahnsinn befallen werden. – Nun, so kann auch plötzlich ein Erdbeben entstehen, mein Haus erschüttern und über meinen Kopf zusammenstürzen lassen. Ich will deshalb die Voraussetzungen ändern und sagen, dass ich gewiss bin, er werde seine Hand nicht in das Feuer halten und warten bis sie verbrannt ist. Und dies, meine ich, kann ich mit derselben Sicherheit voraus sagen, als jenes, dass, wenn er aus dem Fenster springt und keinen Anhalt findet, er nicht einen Augenblick in der Luft sich schwebend erhalten wird. Kein Verdacht eines unbekannten Wahnsinns kann ersteres, welches allen bekannten Gesetzen der Menschennatur widerspricht, im Geringsten wahrscheinlich machen. Wer an einem Nachmittag seine mit Gold gefüllte Börse auf das Pflaster von Charingcross (eine Strasse in London) legt, kann ebenso gut voraussetzen, dass sie wie eine Feder davonfliegen wird, als dass er sie eine Stunde später noch unberührt dort wiederfinden werde. Über die Hälfte der menschlichen Folgerungen enthält Schlüsse ähnlicher Art, die für mehr oder minder gewiss gelten, je nach unserer Erfahrung von dem gewöhnlichen Benehmen der Menschen in solchen besondern Verhältnissen.

Ich habe oft nach dem Grunde gesucht, weshalb jedermann, obgleich er die Lehre der Notwendigkeit ohne Zaudern in seinem Handeln und in seinem Denken anerkennt, doch so schwer sich entschliesst, sie in Worten anzuerkennen und zu allen Zeiten eher zur entgegengesetzten Meinung sich bekennt. Die Sache kann vielleicht so erklärt werden. Wenn man die Wirksamkeit der Körper und die Hervorbringung der Wirkungen aus ihren Ursachen untersucht, so findet sich, dass all unser Denken uns in der Kenntnis dieser Beziehung nicht weiter bringt, als zu der einfachen Beobachtung, dass gewisse Dinge beständig miteinander verbunden sind, und dass der Verstand durch einen gewohnten Gedankengang bei dem Eintritt des einen zum Glauben des andern bestimmt wird. Obgleich dies Ergebnis menschlicher Unwissenheit sich aus der genauesten Untersuchung der Frage ergiebt, so neigen die Menschen doch sehr zu der Meinung, dass sie tiefer in die Kräfte der Natur eindringen und etwas gleich einer notwendigen Verknüpfung zwischen Ursache und Wirkung erkennen. Wenden sie sich dann zur Betrachtung der Vorgänge in ihrer eigenen Seele und fühlen sie da keine solche Verknüpfung zwischen Beweggrund und Handlung, so entnehmen sie daraus, dass ein Unterschied in den Wirkungen besteht, je nachdem sie aus körperlicher Kraft oder aus Gedanken und Einsicht entspringen. Ist man aber einmal überzeugt, dass man nichts weiter von Ursächlichkeit jeder Art kennt, als bloss die beständige Verbindung von Dingen und demgemäss die Folgerung des Verstandes von dem Einen auf das Andere, und findet man, dass diese zwei Umstände allgemein bei willkürlichen Handlungen statthaben, so wird man geneigter sein, auch hier dieselbe Notwendigkeit, wie bei allen andern Ursachen anzuerkennen. Und obgleich diese Darstellung dem Systeme vieler Philosophen widerspricht, insofern sie den Entschlüssen des Willens Notwendigkeit zuschreibt, so ergiebt sich doch bei näherer Betrachtung, dass man nur in Worten, aber nicht in dem Sinne voneinander abweicht. Die Notwendigkeit in dem hier dargelegten Sinne ist nie und kann, meines Erachtens, nie von einem Philosophen zurückgewiesen werden. Man kann höchstens behaupten, dass der Verstand bei körperlichen Vorgängen eine weitere Verknüpfung zwischen Ursache und Wirkung erkennen kann, eine Verknüpfung, die bei willkürlichen Handlungen vernünftiger Wesen nicht stattfindet. Ob dies sich so verhält oder nicht, kann nur die Untersuchung entscheiden, und es liegt diesen Philosophen ob, ihre Behauptung zu beweisen und jene Notwendigkeit zu definieren, zu beschreiben und in der Wirksamkeit der körperlichen Ursachen aufzuzeigen.

Es scheint wirklich, dass man die Frage über Freiheit und Notwendigkeit am verkehrten Ende anfasst, wenn man mit der Untersuchung der Seelenvermögen, dem Einfluss des Verstandes und der Wirksamkeit des Willens beginnt. Man muss mit einer einfacheren Frage beginnen, nämlich mit der Wirksamkeit der Körper und des vernunftlosen Stoffes, und ermitteln, ob man hier einen Begriff von Ursächlichkeit und Notwendigkeit bilden kann, der mehr ist, als regelmässige Verbindung der Dinge und daraus folgenden Schluss des Verstandes von einem auf den andern. Wenn diese Bestimmungen in Wahrheit den ganzen Inhalt der Notwendigkeit ausmachen, welche bei körperlichen Dingen angenommen wird, und wenn jedermann anerkennt, dass diese Bestimmungen auch bei der Wirksamkeit der Seele bestehen, so ist der Streit zu Ende, oder er ist wenigstens dann nur noch ein Wortstreit. So lange man aber voreilig annimmt, dass man bei den Vorgängen der äussern Gegenstände noch einen weitern Begriff von Ursächlichkeit und Notwendigkeit habe, während man doch in den willkürlichen Handlungen der Seele nichts Weiteres finden kann, bleibt es unmöglich, die Frage zu einer bestimmten Entscheidung zu bringen, da man von irrtümlichen Voraussetzungen ausgeht. Der einzige Weg, sich nicht zu täuschen, ist, höher zu steigen, den geringen Umfang der Wissenschaft in bezug auf körperliche Ursachen zu untersuchen und sich zu überzeugen, dass Alles, was wir von ihnen wissen, sich auf die beständige Verbindung und die obenerwähnte Schlussfolgerung beschränkt. Es wird uns vielleicht schwer, dem menschlichen Verstande so enge Schranken zu setzen; aber wenn wir diese

Lehre auf die willkürlichen Handlungen ausdehnen, werden wir keine Schwierigkeiten mehr finden. Denn da diese Handlungen offenbar eine regelmässige Verbindung mit den Beweggründen, Umständen und Charakteren haben, und da wir fortwährend von dem Einen auf das Andere schliessen, so muss man selbst in Worten sich zu der Notwendigkeit bekennen, die man bereits in jeder Überlegung des Lebens und in jedem Schritt unseres Benehmens und Handelns anerkannt hat.

Um in diesem versöhnlichen Unternehmen über die Freiheit und Notwendigkeit, der bestrittensten Frage in der bestrittensten Wissenschaft, nämlich der Metaphysik, fortzufahren, wird es nur weniger Worte bedürfen, um zu beweisen, dass die Menschen in der Lehre der Freiheit ebenso derselben Meinung wie bei der Notwendigkeit gewesen sind, und dass der ganze Streit auch hier sich nur um Worte gedreht hat. Denn was versteht man unter Freiheit bei willkürlichen Handlungen? Man meint sicherlich nicht, dass die Handlungen so wenig Zusammenhang mit den Beweggründen, Neigungen und Umständen haben, dass nicht das Eine mit einer gewissen Gleichförmigkeit aus dem Anderen folgte, und dass das Eine keinen Anhalt biete, um auf die Existenz des Andern zu schliessen; denn das sind klare und anerkannte Thatsachen. Man kann deshalb unter Freiheit nur die Macht verstehen, zu handeln oder nicht zu handeln, je nach dem Beschluss des Willens; d. h. wenn wir uns ruhn wollen, so können wir es, und wenn wir uns bewegen wollen, so können wir es auch. Diese bedingte Freiheit wird allgemein bei jedem anerkannt, der nicht ein Gefangener und in Ketten ist. Hier ist also kein Streitgegenstand.

Welche Definition der Freiheit man auch aufstelle, immer muss man zwei Umstände beachten, erstens, dass sie mit den Thatsachen übereinstimme, und zweitens, dass sie mit sich selbst übereinstimme. Beachtet man Beides, und macht man die Definition verständlich, so wird sich sicherlich ergeben, dass alle Welt hierbei einerlei Meinung ist.

Man giebt allgemein zu, dass nichts da ist ohne Ursache für sein Dasein, und dass Zufall im strengen Sinne nur eine Verneinung ist und keine wirkliche Kraft bezeichnet, die irgend ein Dasein in der Natur hätte. Aber man behauptet, dass gewisse Ursachen notwendig seien und andere nicht. Hier zeigt sich nun der Nutzen der Definitionen. Man möge nur eine Ursache definieren, ohne die notwendige Verknüpfung mit der Wirkung als einen Teil der Definition darin aufzunehmen; man zeige genau den Ursprung des Begriffs, welcher durch die Definition ausgedrückt ist; gelingt es, so will ich mich sofort für besiegt erklären. Hat man aber die obige Erklärung der Sache angenommen, so erhellt, dass ein solches Unternehmen unausführbar ist. Ohne regelmässige Verbindung der Dinge unter einander hätten wir nie den Begriff von Ursache und Wirkung bekommen, und diese regelmässige Verbindung führt zu der Folgerung des Verstandes, welche die einzige Verknüpfung ist, die man begreifen kann. Jeder Versuch, die Ursache zu definieren, ohne diese Bestimmungen aufzunehmen, muss entweder in unverständliche Ausdrücke geraten, oder in solche, welche nur in Worten von dem zu definierenden Gegenstand verschieden sind.

Wenn man aber die oben gegebene Definition anerkennt, so ist die Freiheit, als Gegensatz der Notwendigkeit und nicht des Zwanges, dasselbe wie Zufall, von dem man allgemein anerkennt, dass er nicht besteht.

Abschnitt II.

Nichts ist in Streitfällen gebräuchlicher und doch tadelnswerter als der Versuch, eine Behauptung dadurch zu widerlegen, dass man sagt, sie sei von gefährlichen Folgen für Religion und Moral. Führt eine Behauptung auf Ungereimtheiten, so ist sie sicherlich falsch; aber sie ist es nicht deshalb, weil sie gefährliche Folgen hat. Solche Wendungen sollte man daher ganz vermeiden; sie führen nicht zur Entdeckung der Wahrheit, sondern machen nur die Person des Gegners verhasst. Ich führe dies nur im allgemeinen an, ohne einen Vorteil daraus ziehen zu wollen. Ich unterwerfe mich offen einer solchen Prüfung und wage dreist zu behaupten, dass die oben dargelegten Sätze über Notwendigkeit und Freiheit sich nicht allein mit der Moral vertragen, sondern eine wesentliche Stütze derselben bilden.

Die Notwendigkeit kann auf zwei Arten definiert werden, nach den zwei Definitionen der Ursache, von der sie einen wesentlichen Bestandteil bildet. Sie besteht entweder in der beständigen Verbindung gleicher Dinge oder in dem Verstandesschluss von dem einen auf das andere. Nun hat man allgemein, wenn auch schweigend, in den Schulen, auf der Kanzel und im Leben anerkannt, dass die Notwendigkeit in beiderlei Sinn (im Grunde ist es nur einer) dem Willen des Menschen angehört, und niemand hat bis jetzt geleugnet, dass man Folgerungen aus menschlichen Handlungen ziehen kann, und dass diese Folgerungen sich auf die Verbindung stützen, welche zwischen gleichen Handlungen und gleichen Beweggründen, Neigungen und Umständen wahrgenommen wird. Der einzige Punkt, worüber man verschiedener Meinung sein kann, ist entweder, dass man sich nicht entschliessen mag, dieser Eigenschaft des menschlichen Handelns den

Namen: Notwendigkeit zu geben; so lange man indes im Sinne einig ist, kann das Wort keinen Schaden thun; oder dass man meint, noch etwas Weiteres in der Wirksamkeit der Körper entdecken zu können. Welche Folge dies nun auch auf Naturwissenschaft und Metaphysik haben mag, auf die Moral und Religion hat es offenbar keine. Ich kann bei der Behauptung, dass kein anderer Begriff von Notwendigkeit oder Verknüpfung in der Wirksamkeit der Körper besteht, missverstanden werden; aber der Wirksamkeit der Seele schreiben wir gewiss nichts zu, als was jeder bereitwillig anerkennt und anerkennen muss. Ich verändere nichts in dem feststehenden orthodoxen System rücksichtlich des Willens, sondern nur rücksichtlich der körperlichen Dinge und Ursachen. Keine Lehre kann deshalb unschuldiger als diese sein.

Da sich alle Gesetze auf Lohn oder Strafe gründen, so wird als fundamentales Prinzip angenommen, dass diese Beweggründe einen gleichförmigen und regelmässigen Einfluss auf die Seele üben und sowohl die guten Handlungen veranlassen, wie die schlechten verhindern. Man nenne diesen Einfluss, wie man wolle, da er regelmässig mit der Handlung verbunden ist, so muss er als eine Ursache gelten und als ein Beispiel von der Notwendigkeit angesehen werden, wie ich sie hier behaupte.

Der allein wahre Gegenstand des Hasses und der Rache ist eine Person oder ein mit Verstand und Bewusstsein begabtes Wesen, und wenn irgend verbrecherische oder verletzende Handlungen diese Gefühle erwecken, so geschieht es nur durch ihre Verknüpfung mit einer Person in Beziehung auf sie. Die Handlungen sind aber ihrer Natur nach vergänglich und vorübergehend; sobald sie nicht aus irgend einer Ursache im Charakter oder der Gesinnung der handelnden Person hervorgehen, so können die guten ihr nicht zur Ehre, und die schlechten ihr nicht zur Schande gereichen. Die Handlungen selbst können tadelnswert und allen Regeln der Religion und Moral zuwider sein; aber der Mensch ist für sie nicht verantwortlich, und da sie aus nichts Beständigem und Beharrlichem in ihm hervorgehen und nichts der Art hinter sich zurücklassen, so kann er unmöglich ihretwegen zum Gegenstand einer Strafe oder Rache werden. Nach dem Prinzip, welches die Notwendigkeit und folglich die Ursachen leugnet, ist ein Mensch nach Begehung des abscheulichsten Verbrechens so rein und fleckenlos als wie im Augenblick seiner Geburt. Sein Charakter ist dann in keiner Weise bei seinen Handlungen beteiligt, denn sie gehen nicht aus ihm hervor, und die Schlechtigkeit des Einen kann nie als Beweis für die Verderbtheit des Andern dienen.

Man tadelt niemand wegen solcher Handlungen, welche er unbewusst und zufällig begeht, was auch die Folgen derselben sein mögen. Weshalb nicht? Weil die Prinzipien dieser Handlungen nur momentan sind und in ihnen endigen. Man tadelt jenen weniger, der heftig und unvorsichtig handelt, als den, der mit Überlegung vorgeht. Weshalb? Weil ein heftiges Temperament, obgleich es ein beständiges Prinzip oder eine Ursache in der Seele ist, doch nur zeitweise sich äussert und nicht den ganzen Charakter ansteckt. Umgekehrt wäscht Reue jedes Verbrechen aus, wenn sie sich mit einer Besserung des Lebens und Benehmens verbindet. Wie lässt sich dies erklären? Nur dadurch, dass Handlungen den Menschen nur strafbar machen, so weit sie ein Zeichen strafbarer Grundsätze der Seele sind. Hören sie durch einen Wechsel dieser Grundsätze auf, solche sichere Zeichen zu sein, so sind sie auch nicht mehr strafbar. Aber ohne die Lehre von der Notwendigkeit sind sie niemals zuverlässige Zeichen und folglich niemals strafbar.

Ebenso leicht und mit denselben Gründen lässt sich zeigen, dass die Freiheit in dem obigen Sinne, in dem Alle übereinstimmen, der Moralität ebenso wesentlich ist, und dass keine menschliche Handlung, der sie abgeht, als eine moralische gelten, oder Gegenstand von Lob und Tadel sein kann. Denn da die Handlungen nur insoweit der Gegenstand unserer moralischen Gesinnung sind, als sie die Zeichen des innern Charakters, der Leidenschaften und Affekte sind, so können sie weder zu Lob noch Tadel Anlass geben, wenn sie nicht aus diesen Quellen abstammen, vielmehr durch äussere Gewalt veranlasst sind.

Ich behaupte nicht, dass ich alle Einwendungen widerlegt oder beseitigt habe, die man gegen diese Lehre von der Notwendigkeit und Freiheit erheben kann; ich kann mir andere Einwürfe denken aus Gebieten, die hier nicht haben berührt werden können. Man kann z. B. sagen: Dass, wenn die willkürlichen Handlungen denselben Gesetzen der Notwendigkeit unterliegen wie die Vorgänge der Körper, so bestehe eine fortlaufende Kette notwendiger Ursachen, welche voraus bestimmt und voraus angeordnet sei, und welche von der ersten Ursache aller Dinge bis zu dem einzelnen Wollen jedes einzelnen menschlichen Geschöpfes reiche. Nirgends in der Welt sei dann Zufall, nirgends Gleichgültigkeit, nirgends Freiheit. Wenn wir handeln, sind wir gleichzeitig der Gegenstand eines Handelns; der letzte Urheber aller unserer Entschlüsse ist der Schöpfer der Welt, der dieser ungeheuren Maschine zuerst Bewegung mitteilte und allen Wesen die bestimmte Stellung gab, aus der alle späteren Vorgänge mit unerbittlicher Notwendigkeit sich ergeben mussten. Menschliche Handlungen können deshalb niemals moralisch schlecht sein, da sie von einer so guten Ursache kommen; oder sind sie schlecht, so verwickeln sie den Schöpfer in dieselbe Schuld, da er anerkanntermassen die letzte Ursache und der Urheber derselben ist. So wie ein Mensch, der eine Mine anzündet, in gleicher Weise für die Folgen einstehen muss, mag der Zündfaden lang oder kurz gewesen sein, ebenso muss beim Dasein einer fortlaufenden Kette notwendiger Ursachen das endliche oder unendliche Wesen, welches die erste Ursache bildet, auch als der Urheber der übrigen gelten und sowohl den Tadel tragen, als das Lob erhalten, das ihnen gebührt. Unsere klaren und unveränderlichen moralischen Begriffe erheben diese Regel zu einer unzweifelhaften bei Betrachtung der Folgen menschlicher Handlungen; diese Gründe gelten aber in noch höherem Masse für das Wollen und die Absichten eines allweisen und allmächtigen Wesens. Unwissenheit und Ohnmacht mag ein so beschränktes Geschöpf, wie den Menschen, entschuldigen, aber bei unserem Schöpfer bestehen diese Mängel nicht. Er übersah, er bestimmte, er beabsichtigte all diese Handlungen der Menschen, welche man so vorschnell für strafbar erklärt. Daraus folgt, dass sie entweder nicht strafbar sind, oder dass die Gottheit, aber nicht der Mensch dafür verantwortlich ist. Da aber jeder dieser zwei Sätze verkehrt und gottlos ist, so folgt, dass die Lehre, aus der sie sich ergeben, unmöglich wahr sein kann, denn alle diese Einwürfe treffen dann auch sie. Verkehrte Folgen, wenn sie wirklich aus einer Lehre sich ergeben, beweisen die Verkehrtheit dieser; ebenso wie strafbare Handlungen die ursprüngliche Ursache strafbar machen, wenn die Verbindung zwischen beiden notwendig und unvermeidlich ist.

Dieser Einwurf besteht aus zwei Teilen, die wir jeden für sich betrachten wollen. Der erste ist, dass, wenn man menschliche Handlungen durch eine notwendige Kette auf die Gottheit zurückführen kann, sie nie strafbar sein können, und zwar wegen der unendlichen Vollkommenheit des Wesens, von denen sie abgeleitet werden, und welches nichts wollen kann, als was gut und löblich ist. Oder zweitens: wenn sie strafbar sind, so muss man die Eigenschaft der Vollkommenheit zurücknehmen, welche man der Gottheit beilegt, und ihn als den letzten Urheber der Schuld und des Bösen in all seinen Geschöpfen anerkennen.

Die Antwort auf den ersten Einwurf scheint augenfällig und überzeugend. Viele Philosophen folgern nach einer genauen Untersuchung der Naturerscheinungen, dass das Ganze, als Einheit betrachtet, in jedem Zeitpunkte seines Daseins mit vollkommener Güte angeordnet sei, und dass deshalb das höchste mögliche Glück allen Geschöpfen zu teil werde, ohne Beimischung eines wahrhaften und positiven Übels oder Elendes. Jedes natürliche Übel ist nach dieser Ansicht ein wesentlicher Teil des wohlwollenden Systems und konnte selbst durch die Gottheit, wenn man sie als weise anerkennt, nicht beseitigt werden, ohne grösseres Übel einzuführen oder grösseres Gute als Folge davon auszuschliessen. Aus dieser Lehre entnahmen mehrere Philosophen, unter andern die alten Stoiker, einen Trostgrund bei allen Leiden, indem sie ihren Schülern lehrten, dass diese Übel, unter denen sie litten, in Wahrheit Güter für das Ganze wären, und dass für den weiten, das ganze System der Natur umfassenden Blick jedes Ereignis zum Gegenstand einer Freude und Lust werde. Indes zeigte sich diese Auffassung trotz ihrer Erhabenheit und Annehmbarkeit doch für die Praxis bald als schwach und unwirksam. Man würde sicherlich einen Menschen, der unter stechenden Gichtschmerzen leidet, mehr erbittern als beruhigen, wenn man ihm die Richtigkeit dieser allgemeinen Gesetze vorhielte, welche die bösen Säfte in seinem Körper veranlasst und sie durch ihre Kanäle zu den Sehnen und Nerven geführt haben, wo sie die heftigen Qualen veranlassen. Dieser umfassende Standpunkt wird für einen Augenblick den Geist des Denkers erfreuen, der sich behaglich und sicher fühlt; aber er kann keine Festigkeit in seiner Seele gewinnen, selbst wenn ihn Schmerz und Leidenschaft nicht stören; noch weniger kann er das Feld behaupten, wenn solche Gegner sich erheben. Die Gefühle treiben zur engern und ungezwungenem Auffassung der Dinge. Infolge einer Einrichtung, welche der Schwäche der menschlichen Seele mehr entspricht, sieht man dann nur die Wesen, die um uns sind, und wird durch solche Ereignisse erregt, welche dieser individuellen Auffassung gut oder sehlecht erscheinen.

Der Fall ist derselbe für das moralische, wie für das physische Übel. Diese weitgreifenden Betrachtungen können, wenn sie bei dem Einen von so geringer Wirksamkeit befunden sind, keine stärkere bei dem andern haben. Die menschliche Seele ist von Natur so eingerichtet, dass sie bei dem Auftreten von Charakteren, Neigungen und Handlungen unmittelbar das Lobens- oder Tadelnswerte daran empfindet, und keine Erregung ist ihrer Natur und Beschaffenheit so wesentlich als diese. Die Charaktere, welche unser Lob erwecken, sind hauptsächlich solche, welche zu dem Frieden und der Sicherheit der menschlichen Gesellschaft beitragen; die Charaktere, welche den Tadel wachrufen, sind vorzüglich solche, welche auf allgemeinen Schaden und Störung absehen. Das moralische Urteil entspringt daher offenbar, bald mittelbar, bald unmittelbar aus einer Rücksicht auf diese entgegengesetzten Interessen. Was vermögen da philosophische Betrachtungen, welche die entgegengesetzte Ansicht oder Vermutung aufstellen, dass alles in Beziehung auf das Ganze recht sei, und dass die Eigenschaften, welche der Gesellschaft schaden, in der Hauptsache wohlthätig seien und der ursprünglichen Absicht der Natur ebenso entsprechen als solche, welche ihr Glück und ihre Wohlfahrt geradezu befördern? Können solche unsichere und weitschweifende Erwägungen jener Empfindung die Wage halten, welche aus der unmittelbaren und natürlichen Auffassung der Dinge entspringt? Wird der, dem eine beträchtliche Summe gestohlen worden ist, seinen Ärger über den Verlust durch diese erhabenen Betrachtungen in irgend einer Weise gemindert finden? Weshalb sollte seine sittliche Empörung über das Verbrechen damit unverträglich sein? Oder weshalb sollte nicht das Anerkenntnis eines wirklichen Unterschiedes zwischen Laster und Tugend sich mit allen tiefern Systemen der Philosophie vereinigen lassen? Ebenso wie der wirkliche Unterschied zwischen persönlicher Schönheit und Hässlichkeit? Diese Unterschiede gehen aus den natürlichen Empfindungen der menschlichen Seele hervor, und diese Empfindungen lassen sich durch keine philosophische Theorie oder Spekulation regeln oder ändern.

Der zweite Einwurf gestattet keine so leichte und genügende Antwort; es ist nicht möglich, deutlich zu erklären, wie die Gottheit die mittelbare Ursache aller menschlichen Handlungen sein kann, ohne damit der Urheber von Sünde und Bösem zu werden. Dies sind Geheimnisse, für deren Erörterung die natürliche und sich selbst überlassene Vernunft allein unfähig ist. Welches System sie auch erfasst, so wird sie bei jedem Schritt in solchen Fragen sich immer in unlösbare Schwierigkeiten, ja Widersprüche verwickelt finden. Die Versöhnung der Freiheit und Zufälligkeit des menschlichen Handelns mit der Allwissenheit; oder die Verteidigung unbedingter Ratschlüsse, wobei die Gottheit doch nicht als der Urheber des Bösen gilt, haben bisher alle Kraft der Philosophie überschritten. Wohl ihr, wenn sie es daran als Verwegenheit erkennt, in diesen erhabenen Mysterien zu grübeln; wenn sie ein Gebiet voll Dunkelheit und Verwickelung verlässt, und mit der ihr gebührenden Bescheidenheit zu ihrem eigentlichen und wahren Gebiete zurückkehrt, d. h. zur Erforschung des gewöhnlichen Lebens. Sie wird hier Schwierigkeiten genug für ihre Untersuchungen antreffen, ohne dass sie sich in ein so grenzenloses Meer von Zweifeln, Ungewissheiten und Widersprüchen zu stürzen braucht.

Abteilung IX.

Über die Vernunft der Tiere.

Alles Schliessen in bezug auf Thatsachen stützt sich auf eine Ähnlichkeit, die uns bestimmt, von einer Ursache denselben Erfolg zu erwarten, den man aus ähnlichen Ursachen hat hervorgehen sehen. Ist die Ähnlichkeit der Ursachen vollständig, so ist die Analogie vollkommen, und die darauf gestützte Folgerung gilt als sicher und beweisend.

Niemand zweifelt bei dem Anblick eines Stück Eisens, dass es schwer und fest sein werde, gerade wie andere Stücke, die ihm früher vorgekommen sind. Haben die Gegenstände aber keine volle Gleichheit, so ist die Analogie weniger vollkommen, und der Schluss weniger überzeugend, obgleich, er einige Kraft nach Verhältnis der Ähnlichkeit und Übereinstimmung behält. Die anatomischen Beobachtungen, die man bei einem Tiere macht, werden durch diese Art der Begründung auf alle ausgedehnt, und wenn z. B. der Blutumlauf bei einem Geschöpf voll erwiesen ist, wie bei dem Frosch oder Fisch, so ergiebt dies eine starke Vermutung, dass dieser Blutumlauf überall statt habe. Diese Schlüsse der Analogie kann man weiter, selbst bis zu der hier behandelten Wissenschaft ausdehnen und jede Lehre, welche die Vorgänge des Verstandes oder den Ursprung und die Verbindung der menschlichen Leidenschaften erklärt, wird in ihrer Gültigkeit steigen, wenn sich ergiebt, dass nur diese Lehre dieselben Erscheinungen auch bei andern lebenden Geschöpfen erklärt. Wir wollen eine solche Probe mit der Hypothese machen, durch welche im Vorgehenden die Erklärung aller Erfahrungsschlüsse versucht worden ist. Hoffentlich dient dieser neue Gesichtspunkt zur Bestätigung der früheren Ausführungen.

Erstens scheint es ausgemacht, dass die Tiere so gut wie die Menschen von der Erfahrung lernen und aus ihr schliessen, dass dieselben Wirkungen immer denselben Ursachen folgen. Durch diese Regel werden sie mit den nächsten Eigenschaften der äussern Gegenstände bekannt und sammeln allmählich von ihrer Geburt an einen Schatz von Kenntnissen über die Natur des Feuers, des Wassers, der Erde, der Steine, der Höhen, der Tiefen u. s. w., so wie über die Wirkungen, welche daraus hervorgehen. Die Unwissenheit und Unerfahrenheit der Jungen kann man leicht von der Vorsicht und Klugheit der Alten unterscheiden, die durch lange Beobachtung gelernt haben, das Schädliche zu vermeiden und das Angenehme und Nützliche zu suchen. Ein an das Freie gewöhntes Pferd wird mit der bestimmten Höhe bekannt, die es überspringen kann und wird nichts versuchen, was seine Kraft und Fähigkeit übersteigt. Ein alter Windhund wird den anstrengendsten Teil der Jagd dem Jüngern überlassen und sich selbst so stellen, dass er auf den Hasen bei dessen Schwenkung trifft; seine Voraussetzungen bei solchen Gelegenheiten stützen sich lediglich auf seine Beobachtung und Erfahrung.

Dies erhellt noch deutlicher aus den Wirkungen der Zucht und Erziehung der Tiere, welche durch die passende Anwendung von Belohnungen und Strafen zuletzt eine Reihe von Handlungen lernen, welche ihrem natürlichen Instinkt und Trieb geradezu zuwider sind. Ist es nicht die Erfahrung, welche einen Hund Schmerz fürchten lässt, wenn man ihm droht oder die Peitsche zum Schlag erhebt? Ist es nicht die Erfahrung, welche ihn auf seinen Namensruf antworten und schliessen lässt, dass man mit einem solchen willkürlichen Laut eher ihn als einen Kameraden meine, und dass man ihn rufen wolle, wenn man diesen Laut in einer gewissen Weise und mit einem bestimmten Tone und Accent ausspricht?

In all diesen Fällen folgert das Tier offenbar eine Thatsache über das hinaus, was seine Sinne trifft, und diese Folgerung stützt sich nur auf frühere Erfahrung, indem das Tier von demselben Gegenstand dieselben Folgen erwartet, die es bei seinen Beobachtungen aus ähnlichen Gegenständen früher hat hervorgehen sehen.

Zweitens: Unmöglich kann diese Folgerung des Tieres sich auf ein Beweisverfahren und einen Vernunftschluss gründen, wodurch es schlösse, dass gleiche Folgen sich mit gleichen Gegenständen verbinden, und dass die Natur in ihren Vorgängen immer regelmässig sei. Denn wenn wirklich Beweisgründe dieser Art bestehen sollten, so liegen sie doch für die Beobachtung und für einen so schwachen Verstand zu versteckt; nur die äusserste Sorgfalt und Aufmerksamkeit eines philosophischen Geistes kann sie entdecken und bemerken. Die Tiere werden deshalb bei diesen Folgerungen nicht durch Vernunftgründe geleitet, so wenig wie die Kinder und die meisten Menschen bei ihren gewöhnlichen Handlungen und Folgerungen, ja selbst die Philosophen nicht, welche für den thätigen Teil des Lebens sich in der Hauptsache von der Menge nicht unterscheiden und nach gleichen Regeln verfahren. Die Natur musste für ein bereiteres, allgemeiner anwendbares und nutzbares Prinzip sorgen, und eine Verrichtung von so ungeheurer Wichtigkeit für das Leben, wie die Folgerung der Wirkung aus der Ursache, konnte nicht dem unsichern Verfahren des Denkens und Folgerns anvertraut werden. Sollte dies bei dem Menschen noch zweifelhaft sein, so ist es doch bei der unvernünftigen Schöpfung unfraglich, und wenn dieser Satz in dem einen Falle vollständig festgestellt ist, so hat man nach den Regeln der Analogie allen Grund zur Annahme, dass er allgemein und ohne Ausnahme und Vorbehalt gelte. Nur die Gewohnheit ist es, welche die Tiere veranlasst, bei jedem Gegenstande, der ihre Sinne trifft, dessen gewöhnlichen Begleiter zu erwarten; nur sie führt ihre Einbildungskraft bei dem Erscheinen des Einen zur Vorstellung des Andern in der besondern Weise, welche ich Glauben nenne. Keine andere Erklärung ist von diesem Vorgange möglich, und dieses gilt sowohl für die hohen, wie niedern Klassen der lebendigen Wesen, so weit wir sie kennen und beobachten.

Obgleich indes die Tiere einen grossen Teil ihres Wissens durch Erfahrung erlangen, so verdanken sie doch einen andern Teil der ursprünglichen Verleihung der Natur. Er ist der, welcher den Grad ihrer Fähigkeiten für gewöhnliche Fälle übersteigt, und wo die längste Übung und Erfahrung sie wenig oder gar nicht weiter bringt. Man nennt diesen Teil Instinkt und bewundert ihn als etwas Ausserordentliches, was durch keine Untersuchung unseres Verstandes erklärt werden kann. Indes wird diese Bewunderung vielleicht aufhören oder sich vermindern, wenn man bedenkt, dass das Folgern aus Erfahrung, was wir mit den Tieren gemein haben, und von welchem alles Verhalten im Leben abhängt, nur eine Art von Instinkt ist, oder eine mechanische Kraft, welche in uns, und zwar uns selbst unbewusst, thätig ist und in ihrer Hauptwirksamkeit nicht durch solche Beziehungen und Vergleichungen der Begriffe geleitet wird, welche eigentlich den Gegenstand unserer geistigen Fähigkeiten ausmachen. Die Instinkte sind vielleicht verschieden; aber es ist ein Instinkt, welcher den Menschen heisst, das Feuer zu meiden, wie es ein Instinkt ist, welcher dem Vogel die richtige Art des Brütens und die Einrichtung und Ordnung in Aufziehung seiner Jungen zeigt.

Abteilung X.

Über die Wunder.

Abschnitt I.

Dr. Tillotson's Schriften enthalten einen Beweis gegen die wirkliche Gegenwart (des Leibes Christi bei dem Abendmahl), welcher so kurz, so fein und schlagend ist, als man von einem Beweis gegen eine Lehre verlangen kann, die so wenig eine ernste Widerlegung verdient. „Man erkennt von allen Seiten an," sagt der gelehrte Geistliche, „dass das Ansehn der heiligen Schrift und der Tradition sich lediglich auf das Zeugnis der Apostel stützt, welche Augenzeugen von den Wundern unseres Erlösers, durch welche er seine göttliche Sendung darthat, waren. Unser Beweis für die Wahrheit der christlichen Religion ist deshalb schwächer als der Beweis für das von unseren Sinnen Wahrgenommene; denn der war selbst bei den ersten Gründern unserer Religion nicht stärker als diese und musste offenbar bei dem Uebergange zu ihren Schülern abnehmen; Niemand kann auf sie mehr als auf das unmittelbare Zeugnis der Sinne vertraun. Ein schwächerer Beweis kann aber nie den stärkern aufheben; und wenn daher auch die Lehre von der wirklichen Gegenwart noch so klar in der Bibel offenbart wäre, so würde es doch die Regeln des richtigen Schliessens verletzen, wenn man ihr zustimmen wollte. Sie widerspricht den Sinnen, und doch beweisen die Bibel wie die Tradition, auf welche sie sich stützt, nicht so viel wie die Sinne, solange man jene nämlich nur als äussere Beweismittel ansieht, und sie nicht durch die unmittelbare Wirksamkeit des heiligen Geistes in Jedermanns Brust eingepflanzt sind."

Nichts ist willkommener als ein so entscheidender Beweisgrund, welcher wenigstens die anmasslichste Frömmelei und Abergläubigkeit zum Schweigen bringen und uns von ihren unverschämten Forderungen befreien muss. Ich schmeichle mir, einen ähnlichen Beweisgrund aufgefunden zu haben, welcher, wenn er richtig ist, bei den Einsichtigen und Gebildeten einen dauernden Schutzwall gegen alle Art von abergläubischer Täuschung bilden und deshalb seinen Nutzen, solange die Welt steht, behalten wird. Denn so lange werden, meines Erachtens, in allen heiligen und weltlichen Geschichtsbüchern die Erzählungen von Wundern und übernatürlichen Vorgängen angetroffen werden.

Obgleich die Erfahrung unser einziger Führer bei der Ableitung von Thatsachen ist, so ist doch dieser Führer nicht ganz unfehlbar; er kann uns in einzelnen Fällen zum Irrtum führen. Wenn in unserm Klima Jemand in einer Woche des Juni besser Wetter als in einer Woche des Dezember erwartet, so urteilt er richtig und der Erfahrung entsprechend; und doch kann es sich treffen, dass der Erfolg ihn Lügen straft. Indes wird er in solchen Fällen keinen Grund haben, sich über die Erfahrung zu beklagen, denn sie belehrt uns im Voraus über diese Unsicherheit, welche aus dem Widerstreit der Erfolge bei genauerer Beobachtung hervorgeht. Nicht alle Wirkungen folgen mit gleicher Gewissheit ihren vermutlichen Ursachen. Einzelne Vorgänge sind nach dem Befund aller Länder und Zeiten immer mit einander verknüpft gewesen; andere sind als veränderlich erkannt und haben mitunter die Erwartungen getäuscht. Deshalb bestehen in unsern Folgerungen über Thatsachen alle möglichen Grade des Fürwahrhaltens von der höchsten Zuversicht bis zur niedrigsten Art moralischer Gewissheit.

Ein kluger Mann bemisst daher seinen Glauben nach den Beweisen. Bei Folgerungen, die auf einer untrüglichen Erfahrung ruhn, erwartet er den Erfolg mit der höchsten Gewissheit und betrachtet die früheren Erfahrungen als einen vollen Beweis für das kommende Dasein dieses Ereignisses. In anderen Fällen geht er vorsichtiger zu Werke; er erwägt die entgegengesetzten Erfahrungen; er untersucht, welche Seite die Mehrzahl der Fälle für sich hat; dieser Seite neigt er sich zweifelnd und zögernd zu, und wenn er endlich sein Urteil fällt, so überschreitet seine Sicherheit nicht das, was man gewöhnlich Wahrscheinlichkeit nennt. Jede Wahrscheinlichkeit findet deshalb einen Gegensatz in den Erfahrungen und Beobachtungen, wo die eine Seite die andere überwiegt und ein dem entsprechendes Mass von Sicherheit hervorbringt. Hundert Beispiele und Fälle auf der einen Seite und fünfzig auf der andern geben nur einen unsichern Anhalt über den Ausgang; steht aber nur ein Fall jenen hunderten gegenüber, so erzeugen diese natürlich einen ziemlich starken Grad von Gewissheit. Immer müssen die entgegengesetzten Fälle, so weit sie dies sind, erwogen, und die kleinere Zahl von der grössern abgezogen werden, um den Grad der höhern Gewissheit genau zu erkennen.

Um diese Grundsätze auf ein Beispiel anzuwenden, so giebt es keine Art von Folgerungen, die gebräuchlicher, üblicher und für das Leben notwendiger ist, als die, welche sich von dem Zeugnis der Menschen und den Berichten der Augenzeugen und Zuschauer ableitet. Man kann vielleicht bestreiten, dass diese

Art von Folgerung auf die Beziehung von Ursachen und Wirkung sich stütze und ich will über das Wort nicht streiten. Es genügt die Bemerkung, dass unsere Gewissheit in all diesen Fällen sich nur aus dem Grundsatz ableitet, dass menschliches Zeugnis von uns als wahr befunden worden, und die Berichte der Zeugen gemeinhin mit den Thatsachen übereingestimmt haben. Da es ein allgemeiner Grundsatz ist, dass die Dinge keine wahrnehmbare Verknüpfung mit einander haben, und dass alle Schlüsse von dem Einen auf das Andere sich lediglich auf die Erfahrung von deren regelmässigen und beständigen Verbindung stützt, so kann man offenbar keine Ausnahme von diesem Grundsatze zu Gunsten des menschlichen Zeugnisses machen, dessen Verknüpfung mit einem andern Umstande an sich selbst so wenig wie bei andern Beispielen notwendig ist. Wäre das Gedächtnis nicht bis zu einem gewissen Grade treu; wären die Menschen nicht durchschnittlich der Wahrheit und den Grundsätzen der Ehrlichkeit zugethan; schämten sie sich nicht, auf einer Lüge entdeckt zu werden; wäre dies Alles nicht durch die Erfahrung als Eigenschaften der menschlichen Natur erkannt, so würde man nicht das geringste Gewicht auf menschliches Zeugnis legen. Ein irrsinniger oder als lügnerisch und niederträchtig bekannter Mensch findet niemals Glauben.

Und da die Gewissheit, die von Zeugnissen und Berichten abgeleitet ist, sich auf frühere Erfahrungen stützt, so wechselt sie mit dieser Erfahrung und gilt entweder als voll bewiesen oder wahrscheinlich, je nachdem die Verbindung zwischen einer Art von Berichten und einer Art von Thatsachen beständig oder wechselnd befunden worden ist. Man muss bei allen Urteilen dieser Art eine grosse Zahl von Umständen berücksichtigen, und der letzte Massstab, nach dem alle darüber entstehenden Streitigkeiten zu entscheiden sind, wird immer der Erfahrung und Beobachtung entnommen. Wo diese Erfahrung nicht ganz gleichförmig ist, besteht immer ein unvermeidlicher Widerstreit in unsern Urteilen, ein Kampf um eine gegenseitige Aufhebung der Gründe, wie bei jeder andern Art von Beweisen. Man schwankt oft bei den Berichten Anderer, man erwägt die entgegenstehenden Umstände, welche den Zweifel und die Ungewissheit veranlassen. Findet sich ein Übergewicht auf der einen Seite, so neigt man dahin, aber immer mit einer der Stärke des Gegners entsprechenden mindern Sicherheit.

In dem vorliegenden Falle entspringt der Widerstreit der Beweise aus verschiedenen Gründen: aus dem Widerspruch entgegengesetzter Zeugnisse; aus dem Charakter und der Zahl der Zeugen; aus der Art, wie sie ihr Zeugnis überliefern und aus der Verbindung all dieser Umstände. Wir schöpfen in bezug auf eine Thatsache Verdacht, wenn die Zeugen sich widersprechen; wenn es nur Wenige und von zweifelhaftem Charakter sind; wenn sie einen Vorteil von ihrer Aussage erwarten; wenn sie ihr Zeugnis zaudernd oder mit zu heftigen Beteuerungen ablegen. Es giebt auch noch andere besondere Umstände, welche die Kraft eines Beweises, der sich auf menschliches Zeugnis stützt, vermindern oder vernichten.

Man nehme z. B. an, dass die Thatsache, welche der Zeuge bekundet, zu den ausserordentlichen und wunderbaren gehöre. Dann erfährt die Beweiskraft eines solchen Zeugnisses eine grössere oder kleinere Verminderung, je nachdem die Thatsache mehr oder weniger ungewöhnlich ist. Der Grund, warum man Zeugen oder Geschichtsschreibern Glauben beimisst, leitet sich nicht von einer Verknüpfung ab, welche man a priori zwischen Zeugnis und Wirklichkeit erkennt, sondern weil man gewohnt ist, eine Gleichförmigkeit zwischen Beiden anzutreffen. Ist aber die bezeugte Thatsache uns selten vorgekommen, so erhebt sich ein Streit entgegengesetzter Erfahrungen, von denen die eine die andere so weit zerstört, als ihre Kraft reicht, und die stärkere kann auf die Seele nur noch mit der übriggebliebenen Kraft wirken. Dasselbe Prinzip der Erfahrung, welches uns den Berichten von Zeugen gewissermassen vertrauen lässt, giebt uns in einem solchen Falle auch einen Grad von Gewissheit gegen die Thatsache, welche sie feststellen wollen. Aus diesem Widerspruche entspringt notwendig ein Gegensatz und eine gegenseitige Zerstörung des Glaubens und Vertrauens. „ Ich würde dies nicht glauben, selbst wenn es mir Cato erzählte," war in Rom schon zu Lebzeiten dieses philosophischen Staatsmannes eine sprichwörtliche Redensart. Man erkannte, dass die Unglaubwürdigkeit einer Thatsache selbst eine so grosse Autorität erschüttern könnte.

Der indische Prinz, welcher den ersten Erzählungen über die Wirkungen des Frostes nicht glauben wollte, verfuhr ganz richtig und es bedurfte natürlich sehr starker Zeugnisse, um seine Zustimmung zu Thatsachen zu gewinnen, welche aus Naturbedingungen hervorgingen, die ihm ganz unbekannt waren und so wenig den Vorgängen glichen, von denen er eine beständige und gleichförmige Erfahrung hatte.

Wenn sie auch seinen Erfahrungen nicht widersprachen, so stimmten sie doch nicht damit überein.

Um aber die Wahrscheinlichkeit gegen die Aussage der Zeugen zu steigern, nehme man an, dass die Thatsache, welche sie bekunden, nicht bloss ausserordentlich, sondern wahrhaft wunderbar sei; ferner, dass das Zeugnis, an sich betrachtet, vollständig beweisend sei. In diesem Falle steht Beweis gegen Beweis; der stärkste wird überwiegen, aber mit einer Verminderung seiner Kraft im Verhältnis zu der seines Gegners.

Ein Wunder ist eine Verletzung der Naturgesetze. Da nun eine feste und unveränderliche Erfahrung diesen Gesetzen zu Grunde liegt, so ist der Beweis gegen das Wunder aus der blossen Natur der Thatsache so stark, wie irgend ein der Erfahrung entnommener Beweis nur gedacht werden kann. Weshalb ist es mehr als wahrscheinlich, dass alle Menschen sterben müssen; dass das Blei sich nicht von selbst in der Luft schwebend erhalten kann; dass das Feuer das Holz verzehrt und von Wasser gelöscht wird? Offenbar weil diese Begebenheiten mit den Gesetzen der Natur übereinstimmend befunden sind, und eine Verletzung dieser Gesetze, d. h. in anderen Worten ein Wunder nötig ist, um sie nicht eintreten zu machen. Nichts gilt als Wunder, was im gewöhnlichen Lauf der Dinge geschieht. Es ist kein Wunder, wenn ein anscheinend gesunder Mann plötzlich stirbt, weil eine solche Todesart zwar seltener als andere ist, aber doch oft beobachtet worden ist. Aber es wäre ein Wunder, wenn ein toter Mensch wieder lebendig würde, weil dies zu keiner Zeit und in keinem Lande beobachtet ist. Es muss deshalb eine allgemeine Erfahrung jedem Wunder entgegenstehen, sonst würde das Ereignis nicht diesen Namen verdienen. Und da die allgemeine Erfahrung einen vollen Beweis abgiebt, so ergiebt hier die Natur der Thatsache selbst einen genauen und vollen Beweis gegen das Dasein dieses Wunders. Dieser Beweis kann nur aufgehoben und das Wunder glaubwürdig gemacht werden, wenn man einen stärkeren Beweis gegen ihn beibringt.

Die einfache Folge ist (und es ist ein allgemeiner Grundsatz, der aller Aufmerksamkeit wert ist),

> „dass kein Zeugnis zureicht, ein Wunder festzustellen; es müsste denn das Zeugnis der Art sein, dass seine Falschheit wunderbarer wäre als die Thatsache, welche es bekundet; und selbst in diesem Falle besteht eine gegenseitige Aufhebung der Gründe; der stärkere giebt nur noch eine Sicherheit nach dem Grade der Stärke,

> welche nach Abzug des schwächeren übrig bleibt."

Wenn nun jemand erzählt, er habe gesehen, dass ein Toter wieder lebendig gemacht worden sei, so überdenke ich sogleich bei mir, ob es wahrscheinlicher sei, dass ein Mensch betrügt oder betrogen ist, oder dass das erzählte Ereignis sich wirklich zugetragen habe. Ich wiege ein Wunder gegen das andere ab, und je nach dem Übergewicht, was ich bemerke, entscheide ich mich und verwerfe immer das grössere Wunder.

Wäre die Unwahrheit seines Zeugnisses ein grösseres Wunder als das berichtete Ereignis, dann, und nur dann kann er auf meinen Glauben oder Zustimmung Anspruch machen.

Abschnitt II.

In der obigen Betrachtung habe ich angenommen, dass das Zeugnis, worauf das Wunder gestützt wird, volle Beweiskraft erreiche, und dessen Falschheit in der That unerhört sei; indes kann ich leicht zeigen, dass ich in meinen Zugeständnissen zu bereitwillig gewesen bin, und dass kein Wunder je auf einen vollen Beweis gestützt worden ist.

Denn erstens befindet sich in keinem Geschichtswerk ein Wunder auf eine genügende Zahl von Personen gestützt, deren gesunder Sinn, Erziehung und Kenntnisse so unanfechtbar wären, dass man gegen alle Täuschung derselben sich geschützt halten könnte; deren Rechtschaffenheit so unbedenklich wäre, um sie über allen Verdacht des Betruges zu erheben; deren Glaubwürdigkeit und Ansehen in den Augen der Menschen gefährdet worden wäre, wenn man sie bei einer Lüge ertappt hätte, und deren Zeugnis sich zu gleicher Zeit auf Thatsachen erstreckte, die so öffentlich und an einem so bekannten Orte der Erde stattgefunden, dass die Entlarvung unvermeidlich gewesen wäre. Und doch sind alle diese Umstände nötig, um dem Zeugnisse eines Menschen volle Zuverlässigkeit zu geben.

Zweitens zeigt sich in der menschlichen Natur ein Prinzip, was bei genauer Untersuchung die Zuversicht ausserordentlich mindern muss, welche man bei Wundern auf das Zeugnis der Menschen setzen könnte. Die Regel, nach der wir uns selbst beim Überlegen entscheiden, lautet, dass Dinge, die man nicht kennt, denen gleichen, die man kennt; dass das, was als das Häufigste erscheint, auch das Wahrscheinlichste ist, und dass bei widerstreitenden Gründen man den

Vorzug dem geben muss, der sich auf die grösste Zahl früherer Beobachtungen stützt. Allein wenn man auch nach dieser Regel keine Thatsache annimmt, welche im gewöhnlichen Grade ungewöhnlich und unglaublich ist, so hält man doch bei dem weiteren Fortgange diese Regel nicht fest; sondern wenn etwas ganz Verkehrtes und Wunderbares behauptet wird, so wird eine solche Thatsache um so leichter zugelassen, und zwar gerade wegen des Umstandes, der den Glauben an sie hindern sollte. Überraschung und Staunen, welche aus dem Wunder entspringen, sind eine angenehme Aufregung und treiben sichtlich zu dem Glauben der Dinge, aus welchem sie sich herleiten. Dies geht so weit, dass selbst die, welche dieses Vergnügen nicht unmittelbar gemessen und die erzählten wunderbaren Ereignisse nicht glauben können, doch gern an dem Genuss aus zweiter Hand oder durch Rückschlag Teil nehmen und einen Stolz und ein Vergnügen darein setzen, bei Andern Staunen zu erwecken.

Mit welcher Begierde hört man nicht auf die wunderbaren Geschichten der Reisenden, auf ihre Beschreibung der See- und Land-Ungeheuer, auf ihre Berichte von ausserordentlichen Begegnissen, seltsamen Menschen und wilden Sitten? Verbindet sich nun noch der Geist der Religion mit dieser Liebe zu Wundern, so hat es mit dem gesunden Verstande ein Ende, und menschliches Zeugnis verliert unter diesen Umständen allen Anspruch auf Glaubwürdigkeit. Ein Gläubiger kann ein Schwärmer sein und sich einbilden, zu sehen, was nicht wirklich ist; er kann wissen, dass seine Erzählung falsch ist, und doch, um eine so heilige Angelegenheit zu fördern, mit der besten Absicht dabei verharren. Selbst da, wo solche Täuschung nicht statt hat, wirkt die durch eine so starke Versuchung geweckte Eitelkeit mächtiger auf ihn als auf alle Anderen in gewöhnlichen Verhältnissen; und ebenso wirkt sein eigenes Interesse mit gleicher Kraft. Seine Zuhörer haben vielleicht, und haben gewöhnlich wirklich nicht die genügende Urteilskraft, um sein Zeugnis zu prüfen; sie geben in so erhabenen und geheimnisvollen Dingen grundsätzlich ihr eigenes Urteil gefangen, und selbst wenn sie es gebrauchen wollten, stören Leidenschaft und erhitzte Phantasie dessen regelmässige Wirksamkeit. Ihre Leichtgläubigkeit erhöht seine Unverschämtheit, und seine Unverschämtheit überwältigt ihre Leichtgläubigkeit.

Die Beredsamkeit auf ihrer Höhe lässt wenig Raum für Verstand und Überlegung; sie wendet sich ganz an die Phantasie und die Affekte, nimmt die gutwilligen Zuhörer gefangen und überwältigt ihren Verstand. Glücklicherweise wird diese Höhe selten erreicht. Was aber ein Tullius und Demosthenes bei einer Römischen oder Athenischen Versammlung kaum erreichen konnten, das vermag jeder Kapuziner, jeder herumziehende oder sesshafte Prediger über die meisten Menschen, und in höherem Masse, durch Erweckung dieser groben und gemeinen Leidenschaften.

Die vielen Beispiele von erdichteten Wundern, Prophezeiungen und übernatürlichen Ereignissen, die zu allen Zeiten entweder durch Gegenbeweise entlarvt worden sind, oder die sich durch ihre eigene Widersinnigkeit verraten, sind ein genügendes Zeichen für die grosse Neigung der Menschen zum Ausserordentlichen und Wunderbaren; sie genügen, um Verdacht gegen alle Berichte dieser Art zu erwecken. Diese hier geschilderte Denkweise zeigt sich selbst bei den gewöhnlichsten und wahrscheinlichsten Ereignissen. So entsteht z. B. kein Gerücht so leicht und verbreitet sich namentlich auf dem Lande und in kleinen Städten so schnell, als das über Heiraten; zwei junge Leute gleichen Standes können sich kaum zweimal sehen, ohne dass die ganze Nachbarschaft gleich ein Paar aus ihnen macht. Das Vergnügen, eine interessante Neuigkeit zu erzählen, zu verbreiten und der Erste dabei zu sein, bringt solche Nachricht schnell herum. Dies ist so allgemein, dass kein verständiger Mann auf solche Gerüchte etwas giebt, ehe nicht stärkere Beweise sie unterstützen. Sind es nicht dieselben Leidenschaften und andere noch stärkere, welche die Masse der Menschen alle religiösen Wunder mit der grössten Heftigkeit und Zuversicht glauben und erzählen lässt?

Drittens bildet es eine starke Vermutung gegen die Berichte von unnatürlichen und wunderbaren Ereignissen, dass sie hauptsächlich nur unter unwissenden und rohen Völkern in Menge sich finden. Wenn ein gebildetes Volk dergleichen zugelassen hat, so zeigt sich, dass es dieselben von unwissenden und rohen Vorfahren empfangen hat; von diesen sind sie mit all der unverletzlichen Beglaubigung und dem Ansehen überliefert, welche sich immer mit alten Meinungen verbinden. Wenn man die Anfänge der Geschichte bei alten Völkern nachliest, so meint man in eine andere Welt versetzt zu sein, wo alle Gestalten der Natur verändert sind, und jedes Element seine Wirksamkeit in einer anderen Weise, als gegenwärtig, vollbringt. Schlachten, Revolutionen, Pestilenz, Hungersnot und Tod sind da niemals die Wirkungen der uns bekannten Ursachen. Wunder, Vorzeichen, Orakel, Aussprüche verdunkeln vollständig die wenigen natürlichen Ereignisse, die dazwischen eingeschoben sind. Da indes dergleichen mit jeder Seite abnimmt, die den aufgeklärten Zeiten näher führt, so ersieht man, dass das Wunderbare und Übernatürliche nicht existiert, sondern nur aus der bekannten Neigung der Menschen zum Wunderbaren entspringt. Wenn auch diese Neigung mitunter von der Einsicht und der Wissenschaft einen Schlag erhält, so kann sie doch nie aus der menschlichen Natur ausgerottet werden.

Es ist sonderbar, wird ein vorsichtiger Leser bei diesen wunderbaren Geschichten sagen, dass solche wunderbare Dinge sich jetzt gar nicht zutragen. Aber es ist doch nicht sonderbar, meine ich, dass die Menschen zu allen Zeiten lügen. Ihr habt ja genug Proben von dieser Schwäche erlebt; ihr habt gehört, wie Manche von diesen wunderbaren Berichten erst angestaunt und, nachdem sie mit Spott von allen klugen und vernünftigen Leuten behandelt worden, zuletzt selbst von der Menge aufgegeben worden sind. Man sei versichert, dass diese berühmten Lügen, die so weit verbreitet und zu einer solchen ungeheuerlichen Höhe aufgeschwollen sind, aus ähnlichen Anfängen entstanden sind; sie waren aber in einen passenderen Boden gesäet und wuchsen so zu Ungeheuern auf, die beinahe denen gleichen, die sie erzählen.

Es war eine kluge Berechnung des falschen Propheten Alexander, der jetzt zwar vergessen, aber einst berühmt war, dass er zur ersten Szene seiner Betrügereien Paphlagonien wählte, wo das Volk ausserordentlich unwissend und thöricht war und selbst die gröbsten Betrügereien bereitwillig verschlang. Leute in der Ferne, welche schwach genug sind, die Sache der Untersuchung wert zu halten, haben keine Gelegenheit, bessere Nachrichten zu bekommen. Die Geschichten kommen durch hundert Nebendinge vergrössert zu ihnen. Die Narren beeifern sich, den Betrug zu verbreiten, während der kluge und vernünftige Mann in der Regel sich begnügt, den Unsinn zu belachen, ohne sich um die besonderen Umstände zu bekümmern, durch die er leicht widerlegt: werden könnte. So konnte jener Betrüger mit den unwissenden Paphlagoniern beginnen, dann bis zur Aufnahme von Schülern selbst aus den griechischen Philosophen, ja den vornehmsten und ausgezeichnetsten Männern in Rom vorschreiten. Selbst der weise Kaiser Marc Aurel schenkte ihm insoweit Aufmerksamkeit, dass er auf seine lügnerischen Prophezeiungen den Erfolg eines militärischen Unternehmens baute.

Die Vorteile, wenn ein Betrug bei einem unwissenden Volke begonnen wird, sind so gross, dass, selbst wenn der Betrug zu grob ist, um allgemein zu täuschen (was, obgleich selten, mitunter der Fall ist), er doch eine weit grössere Aussicht auf Erfolg in fernen Ländern hat, als wenn die erste Szene in eine Stadt verlegt wäre, die in Kunst und Wissenschaft berühmt ist. Die Dümmsten und Rohsten jener Barbaren tragen das Gerücht nach aussen; keiner ihrer Landsleute hat weite Verbindungen oder genügendes Ansehen und Zutrauen, um dem Betruge zu widersprechen und ihn niederzuschlagen. Die menschliche Neigung zum Wunderbaren hat volle Gelegenheit, sich zu entfalten. Und so gilt eine Geschichte, welche an dem Orte, wo sie zuerst ausgestreut wurde, jedermann von sich weist, in einer Entfernung von hundert Meilen als gewiss. Hätte Alexander seinen Sitz in Athen genommen, so würden die Philosophen dieses berühmten Sammelpunktes der Gelehrsamkeit ihre Ansicht in der Sache sofort durch das ganze römische Reich verbreitet haben; und diese Ansicht würde durch die Stütze solcher Autoritäten und durch die Kraft der Vernunft und Beredsamkeit dargelegt allen Menschen die Augen geöffnet haben. Allerdings hatte Lucian, als er zufällig Paphlagonien durchreiste, eine gute Gelegenheit, diesen Dienst zu leisten; aber es trifft sich nicht immer, dass jeder Alexander einen Lucian findet, der bereit ist, seinen Betrug aufzusuchen und bloss zu legen.

Ich kann noch als vierten Grund gegen die Glaubwürdigkeit der Wunder anführen, dass es selbst für solche, die nicht als Betrug entdeckt worden sind, kein Zeugnis giebt, dem nicht eine Anzahl anderer Zeugnisse entgegenstände; das Wunder hebt deshalb nicht bloss die Glaubwürdigkeit des Zeugnisses, sondern dieses sich selbst auf. Zu mehrerer Verständlichkeit erwäge man, dass in Religionssachen jede Verschiedenheit auch ein Widerspruch ist, und dass die Religionen des alten Rom, der Türken, Siamesen und Chinesen unmöglich alle auf festem Grunde errichtet sein können. Mithin hat jedes Wunder, wovon diese Religionen erzählen (und sie wimmeln alle von Wundern), indem es das besondere System, zu dem es gehört, begründen will, zugleich die, wenn auch nur indirekte Kraft, jedes andere Religions-System umzustürzen. Mit Umstürzung der anderen Systeme zerstört es aber auch die Glaubwürdigkeit der Wunder, auf welche jene errichtet waren. Deshalb müssen die Wunder der verschiedenen Religionen als widersprechende Thatsachen gelten, und die Beweise für dieselben, seien sie stark oder schwach, heben einander auf. Folgt man dieser Auffassung, so hat man für den Glauben an die Wunder Mahomeds und seiner Nachfolger das Zeugnis einiger rohen Araber als Bürgschaft, und auf der anderen Seite die Glaubwürdigkeit von Titus, Livius, Plutarch, Tacitus und aller Schriftsteller und Zeugen unter den Griechen, Chinesen und Katholiken, welche die Wunder für ihre Religion berichten. Ich sage nun, wir müssen der letztern Zeugnis in demselben Lichte betrachten, als hätten sie die Wunder von

Mahomed erwähnt und ihnen ausdrücklich mit derselben Bestimmtheit widersprochen, mit der sie ihre eigenen Wunder erzählen. Diese Art der Beweisführung erscheint vielleicht gesucht und spitzfindig, aber sie ist in der That gleicher Natur mit der eines Richters, welcher ausführt, dass die Glaubwürdigkeit zweier Zeugen, die Jemanden eines Verbrechens beschuldigen, durch das Zeugnis zweier anderer aufgehoben werde, welche versichern, dass dieser zu der Zeit, wo das Verbrechen begangen sein soll, fünfzig Meilen davon entfernt gewesen sei.

Eines der best bezeugten Wunder in der Profan-Geschichte ist das, was Tacitus von Vespasian erzählt, der einen Blinden in Alexandrien mittels seines Speichels und einen Lahmen durch die blosse Berührung seines Fusses heilte, infolge einer Erscheinung des Gottes Serapis, welcher ihnen aufgegeben hatte, sich wegen dieser Wunderkuren an den Kaiser zu wenden. Man kann diese Geschichte bei diesem klassischen Schriftsteller nachlesen.

Auch der Kardinal von Retz erzählt eine merkwürdige Geschichte, die unsere Aufmerksamkeit verdient. Bei seiner Flucht nach Spanien, um der Verfolgung seiner Feinde zu entgehen, kam dieser intrigante Staatsmann nach Saragossa, der Hauptstadt von Aragonien, wo man ihm in der Kathedrale einen Mann zeigte, welcher sieben Jahre als Thürhüter gedient hatte, und der jedem Einwohner, welcher in dieser Kirche seine Andachten gehalten hatte, wohl bekannt war. Er hatte die ganze Zeit nur ein Bein gehabt; aber durch Einreibung des Stumpfes mit heiligem Öl hatte er das andere wieder bekommen, und der Kardinal versichert, dass er ihn mit zwei Beinen gesehen habe. Dies Wunder wurde durch die Entscheidungen der Kirche anerkannt, und die ganze Bürgerschaft wurde zur Versicherung der Thatsache angerufen; der Kardinal fand, dass sie bei ihrem frommen Eifer vollständig an das Wunder glaubten. Hier ist der Berichterstatter ebenfalls ein Zeitgenosse des angeblichen Wunders; er ist von ungläubigem und sittenlosem Charakter, aber auch von scharfem Geiste. Das Wunder ist so eigener Natur, dass ein Betrug kaum möglich war, und die Zeugen waren zahlreich und gewissermassen Zuschauer der Thatsache, welche sie bekundeten. Was aber die Kraft des Beweises noch erheblich steigert und die Verwunderung über diesen Fall verdoppeln muss, ist, dass der Kardinal, der sie erzählt, sie anscheinend selbst nicht glaubt. Man kann ihn daher nicht als der Mithülfe bei diesem heiligen Betruge verdächtigen. Er urteilte richtig, dass, um eine solche Thatsache zu verwerfen, es nicht gerade darauf ankomme, die Zeugnisse zu widerlegen und ihre Falschheit durch alle Umstände von

Leichtgläubigkeit und Schlechtigkeit zu verfolgen, welche sie zuwege brachten. Er wusste, dass dies schon bei einem geringen Abstande nach Zeit und Ort unmöglich wird, und dass selbst da, wo man unmittelbar gegenwärtig ist, es infolge des Aberglaubens, der Unwissenheit, Pfiffigkeit und Gemeinheit eines grossen Teiles der Menschen sehr schwer fällt. Er schloss deshalb wie ein vernünftiger Mann, dass solche Beweise die Unwahrheit schon auf ihrer Stirne trügen, und dass jedes auf menschliches Zeugnis gestützte Wunder mehr ein Gegenstand des Spottes als der Widerlegung sei.

Niemals ist eine grössere Zahl von Wundern jemand zugeschrieben worden, als die, welche in Frankreich auf dem Grabe des Abt Paris, des berüchtigten Jansenisten, geschehen sein sollten, mit dessen Heiligkeit das Volk so lange betrogen wurde. Die Heilung von Kranken, die Wiedererlangung des Gehörs bei Tauben, und des Gesichts bei Blinden wurden überall als Wirkungen dieses heiligen Grabes erzählt. Aber noch viel wunderbarer ist es, dass viele von diesen Wundern gleich an Ort und Stelle festgestellt worden sind, und zwar vor Richtern von unzweifelhafter Rechtlichkeit, auf das Zeugnis von glaubwürdigen und angesehenen Personen, in einem aufgeklärten Zeitalter und auf der hervorragendsten Schaubühne der jetzigen Welt. Dies ist aber noch nicht alles. Ein Bericht davon wurde gedruckt und überall verbreitet, und die Jesuiten waren nicht im stande, ihn bestimmt zu widerlegen oder den Betrug aufzudecken, obgleich diese gelehrte Körperschaft von der Obrigkeit unterstützt wurde und eine erklärte Feindin der Ansichten war, zu deren Gunsten die Wunder geschehen sein sollten.

Wo gäbe es wohl eine solche Zahl von Umständen, die zur Bestätigung einer Thatsache so zusammenträfen wie hier, und was könnte man einer solchen Masse von Zeugen entgegenstellen, wäre es nicht die unbedingte Unmöglichkeit der wunderbaren Natur der berichteten Ereignisse. Dies aber wird in den Augen aller vernünftigen Leute sicherlich als genügende Widerlegung gelten.

Der Schluss ist nicht richtig, dass, weil menschliches Zeugnis in gewissen Fällen von der höchsten Gültigkeit und Kraft ist, wenn es z. B. die Schlacht von Philippi oder Pharsalus berichtet, deshalb jede Art von Zeugnis in allen Fällen gleiche Kraft und Gültigkeit haben müsse. Man nehme an, dass die Parteien des Cäsar und Pompejus jede den Sieg in diesen Schlachten für sich beansprucht hätten, und dass die Geschichtsschreiber jeder Partei ebenso ihrer eigenen den Vorteil zugeschrieben hätten, wie hätte da die Menschheit bei solcher Entfernung die Entscheidung treffen können? Der Widerspruch ist aber ebenso stark bei den Wundem, die Herodot und Plutarch erzählen, und denen die Mariana, Beda und andere mönchische Geschichtsschreiber berichten.

Der Weise schenkt einem Bericht nur sehr zweifelhaften Glauben, wenn er den Leidenschaften des Berichterstatters schmeichelt, sei es zum Ruhme seines Landes, seiner Familie oder seiner selbst, oder im Interesse einer seiner Neigungen und Schwächen. Welche grössere Versuchung giebt es aber, als für einen Sendling, einen Propheten oder Abgesandten des Himmels gehalten zu werden; wer fürchtet Gefahren und Schwierigkeiten, wenn es gilt, einen so erhabenen Charakter zu gewinnen. Wenn Jemand mit Hilfe seiner Eitelkeit und erhitzten Phantasie erst sich selbst zu einem Gläubigen gemacht und die Täuschung ernst genommen hat, so wird er vor keiner frommen Betrügerei zurückschrecken, die eine so heilige und verdienstvolle Sache unterstützen soll.

Der kleinste Funke kann hier zur grossen Flamme werden, weil die Stoffe dazu immer bereit liegen.

Wie viele solche Geschichten sind nicht zu allen Zeiten entdeckt und gleich in ihrer Kindheit ausgemerzt worden? Wie viele andere sind nicht für eine Zeit lang gepriesen worden und dann in Vergessenheit und Vernachlässigung geraten? Wo mithin solche Erzählungen herumgetragen werden, da liegt die Lösung des Vorganges auf der Hand, und man bleibt in Uebereinstimmung mit den Regeln der Beobachtung und Erfahrung, wenn man sie auf die bekannten und natürlichen Ursachen der Leichtgläubigkeit und Täuschung zurückführt. Und soll man, anstatt zu einer so natürlichen Lösung zu greifen, lieber eine wunderbare Verletzung der festesten Naturgesetze annehmen?

Ich brauche nicht die Schwierigkeit bei Aufdeckung einer Unwahrheit zu erwähnen, welche für Privat- und selbst öffentliche Erzählungen schon an dem Orte besteht, wo das Ereignis stattgefunden haben soll; sie wird noch grösser, wenn die Szene, wenn auch nur um ein Geringes, abrückt. Selbst ein Gerichtshof ist trotz seines Ansehens, seiner Genauigkeit und Sorgfalt oft in Verlegenheit, wenn er zwischen Wahrheit und Irrtum bei Vorgängen der jüngsten Vergangenheit entscheiden soll. Aber die Sache kommt nie zum Austrag, wenn man sich nur der gemeinen Weise des Streitens, Zankens und den umlaufenden Gerüchten anvertraut; vorzüglich wenn die Leidenschaften auf beiden Seiten sich einmischen.

Während der Kindheit einer neuen Religion halten kluge und gelehrte Leute die Sache gewöhnlich ihrer Aufmerksamkeit und Berücksichtigung nicht wert.

Später, wenn sie den Betrug gerne aufdecken möchten, um die Menge aus der Täuschung zu befreien, ist der günstige Augenblick vorüber, und die Zeugen und Urkunden, welche die Sache aufklären könnten, sind unwiederbringlich verloren.

Keine Mittel der Aufdeckung bleiben dann übrig, als die, welche aus den Aussagen der Berichterstatter selbst hervorgeben, und welche dem Verständigen und Unterrichteten genügen, aber für das Verständnis der Masse meist zu fein sind.

Im Ganzen erhellt, dass kein Zeugnis für irgend ein Wunder es kaum zur Wahrscheinlichkeit, geschweige zur Gewissheit bringen könne; selbst wenn es möglich wäre, würde ihm die andere Gewissheit entgegenstehen, welche sich aus der Natur der Thatsache, die bewiesen werden soll, von selbst ergiebt. Nur die Erfahrung giebt dem menschlichen Zeugnis Glaubwürdigkeit; aber dieselbe Erfahrung vergewissert uns der Gesetze der Natur. Stehen daher diese beiden Arten von Erfahrung einander entgegen, so kann man nur die eine von der andern abziehen und entweder die Ansicht der einen oder der andern Seite mit der Zuversicht annehmen, welche sich aus dem Ueberrest ergiebt. Nach den hier dargelegten Grundsätzen verwandelt sich bei allen Volksreligionen diese Subtraktion in eine gänzliche Aufhebung, und man kann es daher als Grundsatz aufstellen, dass kein menschliches Zeugnis ein Wunder beweisen und zur Grundlage eines Religionssystems machen kann.

Ich bitte die hier gemachte Einschränkung nicht zu übersehen, wenn ich sage, dass kein Wunder so bewiesen werden kann, dass es zur Grundlage eines Religionssystems diene. Denn ich gebe zu, dass sonst vielleicht es Wunder und Verletzungen des gewöhnlichen Naturlaufs solcher Art geben mag, welche durch menschliches Zeugnis beweisbar sind; obgleich es vielleicht unmöglich sein wird, irgend ein solches in einer Geschichtsurkunde aufzufinden. So nehme man z. B. an, dass alle Geschichtsschreiber in allen Sprachen darin übereinstimmten, dass vom 1. Januar 1600 an eine vollständige Finsternis über der ganzen Erde acht Tage lang verbreitet gewesen sei; man nehme an, dass die Ueberlieferung dieses ausserordentlichen Ereignisses noch im Volke stark und lebendig sei; dass alle aus fremden Ländern zurückkehrenden Reisenden dieselbe Ueberlieferung brächten, ohne die geringste Veränderung oder Widerspruch: so würden offenbar unsere heutigen Philosophen, anstatt die Sache zu bezweifeln, sie als gewiss annehmen und die Ursachen aufsuchen müssen, welche sie veranlasst haben könnten. Der Rückgang, der Verfall und die Auflösung der Natur wird durch so manche Analogien wahrscheinlich gemacht, dass ein nach dieser Katastrophe hin zielendes Ereignis innerhalb des Beweises menschlichen Zeugnisses fällt, wenn die Bekundungen zahlreich und gleichlautend sind.

Man setze aber, alle Geschichtsschreiber Englands stimmten darin überein, dass die Königin Elisabeth am 1. Januar 1600 gestorben sei; dass sowohl vor als nach ihrem Tode sie von ihren Aerzten und dem ganzen Hofe gesehen worden sei, wie bei Personen ihres Ranges dies gebräuchlich ist; dass ihr Nachfolger vom Parlament anerkannt und ausgerufen worden sei, und dass Jene, einen Monat nach ihrem Begräbnis, wieder erschienen sei, den Thron wieder bestiegen und England noch drei Jahre regiert habe. Ich würde dann allerdings über das Zusammentreffen so vieler wunderlicher Umstände betroffen sein, aber nicht im Geringsten geneigt sei, ein so wunderbares Ereignis zu glauben. Ich würde den vorgeblichen Tod und das, was sich nachher öffentlich zugetragen hat, nicht bezweifeln; ich würde nur behaupten, dass der Tod blos vorgegeben worden sei und kein wirklicher gewesen sei und gewesen sein könne. Man würde mir vergeblich entgegnen, dass es schwer, ja unmöglich sei, die Welt in einer so wichtigen Angelegenheit zu hintergehen; auch die Weisheit und das sichere Urteil dieser berühmten Königin, so wie der geringe Nutzen, den sie aus so einem erbärmlichen Kunststück hätte ziehen können, – Alles das würde mich nur stutzig machen; aber ich würde immer erwidern, dass die Schlechtigkeit und Thorheit der Menschen so gewöhnliche Dinge sind, dass ich eher an ausserordentliche Ereignisse aus deren Zusammentreffen glauben, als eine so offenbare Verletzung der Naturgesetze zugeben könnte.

Hängt aber das Wunder mit irgend einem neuen Religionssystem zusammen, so würde, da die Menschen zu allen Zeiten durch lächerliche Geschichten der Art so sehr betrogen worden sind, dieser Umstand allein die Täuschung beweisen, und dies für alle vernünftigen Leute genügen, um nicht allein die Thatsache zu verwerfen sondern sie sogar ohne weitere Prüfung zu verwerfen. Sollte auch das Wesen, dem das Wunder zugeschrieben wird, in solchem Falle allmächtig sein, so wird letzteres deshalb doch nicht um ein Haarbreit wahrscheinlicher; da es für uns unmöglich ist, die Eigenschaften und Handlungen eines solchen Wesens anders, als aus der Erfahrung kennen zu lernen, die wir aus deren Äusserungen in dem gewöhnlichen Laufe der Natur entnehmen. Dies nötigt zur Vergleichung früherer Beobachtungen und Fälle, wo menschliches Zeugnis die Wahrheit verletzt hat, mit solchen, wo die Naturgesetze durch Wunder verletzt worden sind, um zu entscheiden, welches von beiden wahrscheinlicher ist. Da nun bei religiösen Wundern die Verletzung der Wahrheit durch Zeugnis gewöhnlicher ist als bei anderen Gelegenheiten, so muss das die Glaubwürdigkeit des Zeugnisses sehr vermindern und zu dem allgemeinen Entschluss führen, ihm niemals Aufmerksamkeit zu zollen, sei es auch mit einem noch so schönen Schein bemäntelt.

Lord Bacon scheint denselben Grundsatz angenommen zu haben.

> „Es ist deshalb", so sagt er, „eine Zusammenstellung oder besondere Naturgeschichte von allen Missgeburten und wunderbaren Naturerzeugnissen, sowie von allem Neuen, Seltenen und Ungewöhnlichen in der Natur zu fertigen. Dabei muss aber mit der strengsten Auswahl verfahren werden, damit man sich auf sie verlassen kann. Am verdächtigsten sind hierbei die mit der Religion irgendwie zusammenhängenden Vorgänge, wie die seltsamen Erscheinungen, von denen Livius berichtet, und die sich bei den Schriftstellern über natürliche Magie und Alchemie und überhaupt bei allen Denen finden, welche die Verehrer und Liebhaber von Fabeln sind." (Novum Organon. Buch II. Satz 29.)

Diese Auffassung gefällt mir um so besser, als sie vielleicht jene gefährlichen Freunde und verkappten Feinde der christlichen Religion vernichten hilft, welche deren Verteidigung mit Grundsätzen der Vernunft versucht haben. Unsere allerheiligste Religion stützt sich auf den Glauben und nicht auf die Vernunft, und es heisst sicherlich sie gefährden, wenn man sie auf solche Probe stellt, die sie in keinem Falle bestehen kann. Um dies klar zu machen, will ich einige der in der Bibel erzählten Wunder untersuchen. Um nicht zu weit abzuschweifen, will ich mich auf die Wunder in den fünf Büchern Mosis beschränken; ich werde sie nach den Grundsätzen jener angeblichen Christen prüfen, also nicht als Gottes Wort und Zeugnis nehmen, sondern als den Bericht eines menschlichen Schriftstellers und Geschichtsschreibers. Hier haben wir zunächst ein Buch, was von einem rohen und unwissenden Volke uns überliefert ist, was zu einer noch roheren Zeit und wahrscheinlich lange nach den erzählten Thatsachen abgefasst ist; es wird durch kein gleichzeitiges Zeugnis bestärkt und ähnelt den fabelhaften Erzählungen, wie sie jedes Volk von seinem Ursprunge berichtet. Beim Lesen zeigt sich dieses Buch voll von Wundern und Ungeheuerlichkeiten. Es erzählt von einem Zustande der Welt und Menschen, der von dem gegenwärtigen ganz abweicht; von dem Verlust dieses Zustandes; von Menschen die beinah tausend Jahre alt geworden; von der Zerstörung der Erde durch die Sündflut; von einer willkürlichen Erwählung eines Volkes als des vom Himmel begünstigten; dies Volk sind die Landsleute des Verfassers; er berichtet von ihrer Befreiung aus der Knechtschaft durch die erstaunlichsten Ereignisse. Nun bitte ich, dass Jeder die Hand auf sein Herz lege und nach einer ernsten Überlegung erkläre, ob nach seiner Meinung die Wahrheit eines solchen Buches, was auf solche Zeugnisse sich stützt, nicht ausserordentlicher und wunderbarer sein würde als alle die Wunder, die es berichtet? Dennoch müsste dies sein, wenn man es nach den oben dargelegten Regeln der Wahrscheinlichkeit zulassen will. –

Was hier von Wundern gesagt worden ist, gilt ebenso von Prophezeiungen. In der That sind alle Prophezeiungen wirkliche Wunder, und nur als solche können sie als Beweise für die Offenbarung gelten. Überschritte die Vorhersagung künftiger Ereignisse nicht die Kräfte der menschlichen Natur, so wäre es verkehrt, die Prophezeiung als Grund für die göttliche Sendung und das himmlische Ansehen zu benutzen. Hieraus ergiebt sich, dass überhaupt die christliche Religion nicht blos im Anfange von Wundern begleitet war, sondern dass sie auch heutiges Tages von Niemand ohnedem geglaubt werden kann. Die blosse Vernunft vermag nicht, uns von ihrer Wahrheit zu überzeugen, und wen der Glaube bestimmt, ihr beizustimmen, der ist sich eines fortwährenden Wunders in seiner Person bewusst, welches alle Regeln seines Verstandes umstösst und ihn treibt, gerade das zu glauben, was der Gewohnheit und Erfahrung am meisten widerspricht.

Abteilung XI.

Über die besondere Vorsehung und ein zukünftiges Leben.

Ich unterhielt mich kürzlich mit einem Freunde, der skeptische Paradoxien liebt. Obgleich ich vielen seiner Behauptungen nicht beistimmen kann, so sind sie doch interessant und betreffen jene Kette von Gedanken, welche in der gegenwärtigen Untersuchung benutzt worden sind. Ich werde sie daher aus der Erinnerung so genau, als ich vermag, wiedergeben, damit der Leser selbst urteilen möge.

Ich begann die Unterhaltung, indem ich das besondere Glück der Philosophie bewunderte. Sie fordert, sagte ich, volle Freiheit als ihr höchstes Recht und erblüht nur aus dem freien Kampfe der Ansichten und Beweise. Wie glücklich daher, dass sie zu einer Zeit und in einem Lande der Freiheit und Toleranz zur Welt kam, wo sie selbst bei ihren ausschweifendsten Lehren nie durch Glaubenssätze, Bekenntnisse und Strafgesetze eingezwängt wurde. Denn mit Ausnahme der Verbannung des Protagoras und den Tod des Sokrates, welcher zum Teil andere Veranlassungen hatte, giebt es in der alten Geschichte kaum ein Beispiel von der überfrommen Eifersucht, von welcher die jetzige Zeit so zu leiden hat. Epikur lebte bis zu hohem Alter friedlich und ruhig in Athen, und seine Schüler wurden sogar als Priester zugelassen, um bei dem Altar und in den heiligsten Gebräuchen der geltenden Religion mitzuwirken. (Lucian im Symposion und Dio.) Ebenso wurden Gehalte und Pensionen durch die Weisesten der römischen Kaiser den Lehrern aller philosophischen Sekten zur allgemeinen Anregung erteilt. Wie sehr die Philosophie einer solchen Behandlung in ihrer frühen Jugend bedurfte, kann man daraus abnehmen, dass sie noch jetzt, wo sie doch härter und stärker geworden sein muss, nur schwer die Rauheit der Zeit und die auf sie einbrechenden scharfen Stürme der Verläumdung und Verfolgung ertragen kann.

Sie sehen das als ein Glück der Philosophie an, sagte mein Freund, was vielmehr das Ergebnis des natürlichen Laufs der Dinge ist und in keiner Zeit und bei keinem Volke vermieden werden kann. Diese hartnäckige Frömmelei, über welche sie sich beklagen, weil sie der Philosophie so verderblich ist, sie entspringt vielmehr aus letzterer selbst, verbindet sich mit dem Aberglauben, trennt sich danach ganz von ihrer Mutter und wird ihr ausdauernder Feind und

Verfolger. Tiefsinnige Religionsdogmen, welche jetzt so wütenden Streit veranlassen, konnten in den frühesten Zeiten von den Menschen weder begriffen noch festgehalten werden; sie mussten bei ihrer Unwissenheit die religiösen Vorstellungen ihrer schwachen Fassungskraft anpassen und ihre heiligen Glaubenssätze nach solchen Erzählungen bilden, welche mehr der Gegenstand eines überlieferten Glaubens, als das Ergebnis von Beweisgründen und Streitigkeiten waren. Als daher der erste Schreck vorüber war, welcher die neuen Paradoxien und Grundsätze der Philosophen veranlassten, scheinen diese Lehrer im Altertume immer in grosser Eintracht mit dem bestehenden Aberglauben gelebt und mit diesem sich in die Menschheit ehrlich geteilt zu haben; die ersteren nahmen die Gelehrten und Gebildeten für sich in Anspruch, und der letztere hatte das gemeine ungebildete Volk.

Sie scheinen, erwiderte ich, die Politik ganz aus dem Spiele zu lassen und anzunehmen, dass eine weise Obrigkeit über gewisse Sätze der Philosophie, wie die des Epikur, nicht besorgt zu werden brauche; obgleich diese das Dasein eines Gottes, und folglich seine Vorsehung und ein künftiges Leben, nicht anerkennen, damit in starkem Masse die Bande der Moralität lockern und deshalb als für den Frieden der bürgerlichen Gesellschaft gefährlich erachtet werden können.

Ich weiss, erwiderte er, dass diese Verfolgungen allerdings zu keiner Zeit von der ruhigen Vernunft ausgegangen sind; auch nicht davon, dass man die verderblichen Folgen der Philosophie durch Erfahrung kennen gelernt. Sie entspringen lediglich aus Leidenschaften und Vorurteil. Wie aber, wenn ich weiter ginge und behauptete, dass Epikur im Falle er durch einen Ohrenbläser oder einen Denuncianten des jetzigen Schlages vor dem Volke angeklagt worden wäre, sich leicht hätte verteidigen und beweisen können, dass die Sätze seiner Philosophie eben so heilig seien als die seiner Gegner, obgleich sie mit so viel Eifer ihn dem öffentlichen Hass und Misstrauen preiszugeben suchten.

Ich wünschte, sagte ich, Sie versuchten ihre Beredsamkeit für einen so ungewöhnlichen Gegenstand und hielten eine Rede für Epikur, welche nicht blos den Pöbel von Athen befriedigte, wenn sie erlauben, dass diese alte und gebildete Stadt einen Pöbel gehabt hat, sondern auch den philosophischeren Teil seiner Zuhörer, welche im stande waren, seine Beweisführung zu verstehen.

Unter solchen Bedingungen, erwiderte er, ist dies nicht schwer. Gefällt es Ihnen, so will ich für eine kurze Zeit mich zu Epikur und Sie zu dem Volk von Athen machen und solch eine Verteidigungsrede zum besten geben, dass die Urne nur mit weissen Bohnen sich füllen soll, und keine schwarze meine boshaften Gegner erfreuen soll.

Sehr schön! Beginnen Sie unter diesen Voraussetzungen.

Ich komme hierher, o Athener! um in Eurer Versammlung das zu verteidigen, was ich in meinem Hörsaale gelehrt habe; aber anstatt mit ruhigen und leidenschaftslosen Richtern zu streiten, finde ich mich von wütenden Gegnern angeklagt. Eure Beratungen, welche von Rechts wegen den Fragen des öffentlichen Wohles und den Interessen des Staates zugewendet sein sollten, werden auf die Prüfung einer tiefsinnigen Philosophie abgeleitet, und diese erhabenen, aber vielleicht fruchtlosen Untersuchungen nehmen die Stelle Eurer gewöhnlicheren, aber nützlicheren Beschäftigungen ein. Soweit es auf mich ankommt, will ich diesem Missbrauch zuvorkommen. Wir wollen hier nicht über den Ursprung der Welt streiten; wir wollen nur untersuchen, inwiefern solche Fragen das öffentliche Interesse berühren; und wenn ich Euch überzeugen kann, dass sie für den Frieden des Staates und die Sicherheit der Gesellschaft ganz ohne Bedeutung sind, so hoffe ich, Ihr werdet mich gleich in die Hörsäle zurückschicken, um dort in Musse die erhabenste, aber auch schwierigste Frage aller Philosophie zu erörtern.

Die gotteseifrigen Philosophen begnügen sich nicht mit den Überlieferungen der Voreltern und mit der Lehre Eurer Priester (bei der ich mich gerne beruhige), sondern geben einer voreiligen Neugierde nach und versuchen, wie weit sie die Religion auf die Gesetze der Vernunft zu gründen vermögen. Somit erwecken sie Zweifel, anstatt sie zu befriedigen; Zweifel, die aus einer sorgfältigen und genauen Untersuchung hervorgehen müssen. Mit den herrlichsten Farben malen sie erst die Ordnung, Schönheit und weise Einrichtung der Welt; dann fragen sie, ob eine solche glänzende Entfaltung von Einsicht je aus zufälligen Verbindungen der Atome hätte hervorgehen können; oder ob Zufall das hervorbringen könne, was der grösste Geist nicht genug bewundern könne. Ich werde die Richtigkeit dieses Schlusses nicht untersuchen. Ich werde zugeben, dass er so zureichend sei, als meine Gegner und Ankläger nur wünschen können. Es genügt, wenn ich gerade durch diesen Schluss darlegen kann, dass diese Frage durchaus spekulativ ist und dass, wenn ich in meinen philosophischen Untersuchungen eine Vorsehung und ein zukünftiges Leben leugne, ich nicht die Grundfesten der Gesellschaft unterwühle, sondern nur Grundsätze geltend mache, welche jene selbst nach ihren eigenen Sätzen, wenn sie konsequent sein wollen, als fest und genügend anerkennen müssen.

Ihr, meine Ankläger, habt also selbst anerkannt, dass der wichtigste oder einzige Beweis eines göttlichen Daseins (was ich nie in Frage gestellt habe) sich aus der Ordnung der Natur ableitet. In ihr bestehen solche Zeichen von Verstand und Absicht, dass ihr es für unsinnig haltet, den Zufall oder die blinde und ungeleitete Kraft des Stoffes als deren Ursache zu behaupten. Ihr gesteht zu, dass dieser Beweis von der Wirkung auf die Ursache schliesst. Ihr folgert aus der Anordnung des Werkes, dass es von einem Werkmeister entworfen und vorbedacht worden sein müsse. Könnt Ihr diesen Punkt nicht beweisen, so erkennt Ihr an, dass Euer Schluss verfehlt ist; auch wollt Ihr den Schluss nicht in grösserer Ausdehnung ziehen, als die Naturerscheinungen ihn rechtfertigen. Dies sind Eure Zugeständnisse. Nun merkt auf die Folgen.

Wenn man eine bestimmte Ursache aus einer Wirkung folgert, so muss man die eine der andern anpassen und darf niemals der Ursache mehr Eigenschaften zuteilen, als zur Hervorbringung der Wirkung genau nötig sind. Wenn ein Gewicht von zehn Lot sich in einer Wagschale hebt, so beweist das, dass das Gegengewicht von der andern schwerer ist; aber der Fall ist kein Grund anzunehmen, dass das Gegengewicht über hundert Lot schwer ist. Ist die für eine Wirkung angenommene Ursache unvermögend, sie hervorzubringen, so muss man entweder die Ursache verwerfen, oder ihr solche Eigenschaften zusetzen, die der Wirkung genau entsprechen. Giebt man ihr aber noch andere Eigenschaften, oder die Fähigkeit, noch andere Wirkungen hervorzubringen, so giebt man nur dem Spiel der Vermutungen nach und behauptet ohne Grund und Anhalt, blos nach Belieben das Dasein von Eigenschaften und Kräften.

Diese Regel gilt ebenso bei dem unvernünftigen und unbewussten Stoff, wie bei vernünftigen und einsichtigen Wesen, sofern man sie als Ursachen betrachtet. Wird die Ursache nur aus der Wirkung abgeleitet, so darf man ihr nie mehr Eigenschaften zuteilen, als zur Hervorbringung der Wirkung gerade nötig ist, und ebensowenig darf man nach den Regeln der gesunden Vernunft nun wieder von der Ursache ausgehn und ihr Wirkungen zuschreiben, die über die uns bekannten hinausgehen. Niemand konnte, wenn er nur ein Gemälde von Zeuxis sah, daraus entnehmen, dass er auch ein Bildhauer und Baumeister war, und in Stein und Marmor so geschickt, wie in Farben. Nur die Talente und der Geschmack, der in dem besonderen Werke vor uns enthalten ist, können mit Sicherheit von dem Künstler ausgesagt werden. Die Ursache muss der Wirkung entsprechen und wenn wir sie ihr genau anpassen, so wird man nie Eigenschaften in ihr finden, die weiter führen oder einen Schluss auf neue Absichten und Thaten gestatten. Solche Eigenschaften gehen über das hinaus, was die untersuchte Wirkung zu ihrer Erzeugung erfordert.

Räumt man also ein, dass die Götter die Urheber von dem Dasein und der Ordnung der Welt sind, so folgt, dass sie genau das Mass von Macht, Einsicht und Güte besitzen, was in ihrem Werke enthalten ist; aber nichts weiter kann damit bewiesen werden, wenn man nicht die Übertreibung und Schmeichelei zu Hilfe nehmen will, um die Mängel des Beweises und der Begründung zu ergänzen. So weit, als die Spuren einer Eigenschaft sich jetzt zeigen, so weit kann man auf das Dasein dieser Eigenschaften schliessen. Die Annahme weiterer Eigenschaften ist reine Willkür und noch mehr die Annahme, dass in fernen Räumen und Zeiten noch eine glänzendere Entfaltung dieser Eigenschaften und eine solche Einrichtung der Verwaltung gewesen ist oder sein wird, welche solchen eingebildeten Tugenden mehr entspricht. Es ist niemals zulässig, von der Welt, als Wirkung, zu Jupiter, als Ursache, aufzusteigen, und dann wieder abwärts von dieser Ursache neue Wirkungen abzuleiten, als wenn die vorhandenen Wirkungen nicht ganz dem Werte jener ruhmvollen Eigenschaften entsprächen, die wir dieser Gottheit zuschreiben. Wenn die Kenntnis der Ursache nur allein aus der Kenntnis der Wirkung entlehnt ist, so müssen sie genau auf einander passen, und das eine kann nie weiter führen und nicht die Grundlage für neue Schlüsse und Folgerungen abgeben.

Ihr bemerkt Erscheinungen in der Natur. Ihr sucht nach einer Ursache oder einem Urheber. Ihr meint ihn gefunden zu haben. Allmählich werdet ihr so verliebt in diesen Sprössling Eures Gehirns, dass Ihr meint, er müsse noch Grösseres und Vollkommeneres hervorbringen als den gegenwärtigen Schauplatz dieser Welt, die so voll von Übel und Unordnung ist. Ihr vergesst, dass dieser höchste Verstand und Güte nur eingebildet sind, oder mindestens ohne Vernunftsgrund, und dass Ihr nicht berechtigt seid, ihm weitere Eigenschaften zuzuteilen, als die, welche in seinen Werken sich wirklich entfalten und wirksam darstellen. Lasst deshalb, Ihr Philosophen, Eure Götter dem gegenwärtigen Zustand der Natur entsprechen, und unternehmt nicht, diesen Zustand durch willkürliche Zusätze zu ändern, um ihn den Eigenschaften anzupassen, die Ihr so gern Euren Gottheiten zuteilt.

Wenn Priester und Dichter durch Euer Ansehn, o Athenienser! unterstützt, vom goldenen oder silbernen Zeitalter sprechen, welches dem jetzigen Zustand von Laster und Elend vorhergegangen sei, so höre ich auf sie mit Aufmerksamkeit und Ehrfurcht; wenn aber Philosophen, welche vorgeben, das Ansehen der Person nicht gelten lassen zu wollen und die Vernunft zu kultivieren, dieselbe Sprache führen, so zolle ich ihnen, wie ich einräume, nicht dieselbe gehorsame Unterwürfigkeit und fromme Hochachtung. Ich frage, wer sie in diese himmlischen Regionen geführt hat; wer sie in den Rat der Götter zugelassen hat; wer ihnen das Buch des Schicksals geöffnet hat, um so voreilig versichern zu können, dass ihre Gottheiten ein Ziel über das wirklich Wahrgenommene hinaus vollführt haben oder vollführen werden. Wenn sie mir sagen, dass sie auf den Sprossen der Leiter der Vernunft und durch Rückschlüsse von den Wirkungen auf Ursachen zu dieser Höhe aufgestiegen sind, so beharre ich dabei, dass sie dies Aufsteigen mit den Flügeln der Phantasie unterstützt haben; sonst hätten sie nicht ihre Art der Folgerung ändern und aus Ursachen auf Wirkungen schliessen können, indem sie voraussetzten, dass ein vollkommeneres Werk, als die jetzige Welt, solchen vollkommenen Wesen wie den Göttern mehr entspreche, und vergassen, dass sie keinen Grund haben, diesen himmlischen Wesen eine Vollkommenheit oder eine Eigenschaft beizulegen, die nicht in der jetzigen Welt gefunden wird.

Daher kommt all der fruchtlose Eifer, die schädlichen Erscheinungen der Natur zu rechtfertigen und die Ehre der Götter zu retten, während wir doch das Dasein dieser Uebel und Unordnung, von denen die Welt überfliesst, anerkennen müssen. Man sagt uns, dass die widerspenstigen und unhandlichen Eigenschaften des Stoffes, oder die Erhaltung der allgemeinen Gesetze, oder ein Anderes der Art allein die Ursache gewesen sei, welche die Macht und Güte des Jupiter beschränkte und ihn nötigte, die Menschen und alle lebenden Geschöpfe so unvollkommen und unglücklich zu schaffen. Es scheint also, dass diese Eigenschaften in der weitesten Ausdehnung im Voraus für zugestanden angenommen worden sind, und ich gebe zu, dass dann solche Annahmen vielleicht als leidliche Entschuldigung übler Zustände zugelassen werden könnten. Aber ich frage wieder: Weshalb soll man diese Eigenschaften als gewiss annehmen und weshalb mehr Eigenschaften in die Ursache verlegen, als in der Wirkung hervortreten? Weshalb quält Ihr Euer Gehirn, um den Lauf der Natur unter Voraussetzungen zu rechtfertigen, die, wie ihr wissen müsst, nur eingebildet sein können, und von denen keine Spur in dem Naturlauf angetroffen wird?

Die religiöse Hypothese kann deshalb nur als eine besondere Weise gelten, um die sichtbaren Erscheinungen der Welt zu rechtfertigen; aber kein gründlicher Denker wird aus ihr irgend einen besonderen Umstand ableiten und die Erscheinungen im Einzelnen verändern oder vergrössern. Wenn Ihr meint, dass die Erscheinungen der Dinge solche Ursachen beweisen, so mögt Ihr einen Schluss auf das Dasein solcher Ursachen ziehen. In solchen verwickelten und erhabenen Fragen mag Jeder sich in Vermutungen und Beweisen frei ergehen. Aber hier müsst Ihr Halt machen. Wenn Ihr umkehrt und aus Euren gefolgerten Ursachen rückwärts beweiset, dass etwas Anderes in der Natur bestanden habe oder bestehen werde, was zur volleren Darlegung besonderer Eigenschaften diene, so erinnere ich Euch, dass Ihr Euch von der dem Gegenstande zukommenden Beweismethode entfernt habt, und der Ursache an Eigenschaften etwas über das, was die Wirkung zeigt, zugesetzt habt; sonst hättet Ihr niemals in erträglicher und passender Weise der Wirkung etwas hinzufügen können, um sie der Ursache würdiger zu machen.

Wo ist also das Hassenswerte meiner Lehre, die ich in meinem Hörsale verkündige oder vielmehr in meinen Gärten erörtere? Findet Ihr in der ganzen Frage etwas, was das Bestehen der Sittlichkeit oder der gesellschaftlichen Ordnung und Ruhe im geringsten gefährdet?

Ihr sagt, dass ich die Vorsehung und den obersten Leiter der Welt leugne, welcher den Lauf derselben bestimmt, den Lasterhaften mit Schande und Fehlschlägen straft, und den Tugendhaften mit Ehre und Erfolg seiner Unternehmungen belohnt. Aber ich leugne sicherlich nicht den Lauf der Dinge selbst, welcher der Untersuchung und Prüfung eines Jeden offen liegt. Ich erkenne an, dass in der jetzigen Ordnung der Dinge die Tugend mit einer grössern Seelenruhe verbunden ist als das Laster und eine günstigere Aufnahme von der Welt erhält. Ich weiss sehr wohl, dass nach dem, was man bis jetzt von den Menschen erfahren hat, die Freundschaft der Hauptgenuss des Lebens, und die Mässigkeit die einzige Quelle von Ruhm und Glück ist. Ich schwanke nie zwischen dem tugend- und lasterhaften Leben und weiss, dass für ein gutgeartetes Gemüt aller Vorteil auf der Seite des ersten ist. Und was könnt ihr mit all Euren Voraussetzungen und Folgerungen mehr sagen? Allerdings sagt Ihr mir, dass diese Einrichtung der Dinge aus Weisheit und Absicht hervorgegangen sei. Aber möge die Quelle sein, welche sie wolle, die Anordnung selbst, von der unser Glück und Elend, und folglich unsere Führung und Verhalten im Leben abhängt, bleibt immer dieselbe. Es steht immer mir wie Euch frei, mein

Benehmen nach meiner früheren Erfahrung zu regeln. Und wenn Ihr behauptet, dass bei Annahme der göttlichen Vorsehung und einer höchsten verteilenden Gerechtigkeit im Weltall ich über den gewöhnlichen Lauf der Dinge noch einen besonderen Lohn für das Gute und Strafe für das Böse erwarten müsse, so finde ich hier dieselbe Täuschung, die ich oben aufgedeckt habe. Ihr bleibt bei der Einbildung, dass, wenn ich jene göttliche Existenz, für welche Ihr so ernstlich streitet, zugebe, Ihr dann getrost Folgerungen aus ihr ziehen und der wahrgenommenen Ordnung der Natur vermittelst der Euren Göttern zugeschriebenen Eigenschaften etwas zusetzen könnt. Ihr vergesst, dass alle Eure Beweise nur von Wirkungen auf Ursachen gehn, und dass deshalb jede Rück-Folgerung von den Ursachen auf die Wirkung notwendig eine grosse Täuschung enthalten muss, weil Ihr nur das von der Ursache wissen könnt, was Ihr vorher in der Wirkung nicht vermutet, sondern deutlich wahrgenommen habt.

Was soll ein Philosoph von den eiteln Schwätzern denken, welche nicht den gegenwärtigen Schauplatz der Dinge zu ihrem alleinigen Gegenstand der Betrachtung nehmen, sondern den Lauf der Natur so ganz verkehren, dass ihnen dieses Leben nur als ein Durchgang zu etwas Weiterem gilt; als ein Portal, was zu einem grösseren und ganz verschiedenem Bauwerk führt; als ein Prolog, welcher das Stück nur einführen und es nur anziehend und passend machen soll. Woher glaubt Ihr, dass solche Philosophen ihre Begriffe über die Götter entnehmen? Gewiss von ihrer eigenen Einbildung und Phantasie. Denn wenn sie sie von den gegenwärtigen Erscheinungen ableiteten, so kämen sie nicht weiter, sondern müssten sie diesen genau anpassen. Dass die Gottheit möglicherweise Eigenschaften besitze, deren Äusserungen wir niemals wahrgenommen haben; dass sie in ihrem Handeln von Grundsätzen geleitet werde, deren Geltendmachung wir nicht entdecken können; alles dies kann man getrost einräumen. Aber es ist eben nur Möglichkeit und Voraussetzung. Wir haben niemals einen Grund, auf eine Eigenschaft oder auf einen Grundsatz in dem Handeln der Gottheit zu schliessen, deren Äusserung und dessen genügende Verwirklichung wir nicht erkennen.

Giebt es in der Welt ein Zeichen für eine ausgleichende Gerechtigkeit? Wenn Ihr mit Ja antwortet, so schliesse ich, dass die Gerechtigkeit, wie sie hier sich äussert, auch sich genügt; wenn Ihr Nein sagt, so schliesse ich, dass Ihr dann keinen Grund habt, die Gerechtigkeit, wie wir sie verstehen, den Göttern zuzuschreiben. Wollt Ihr Euch in der Mitte zwischen Ja und Nein halten und sagen, dass die Gerechtigkeit der Götter sich jetzt zwar zum Teil, aber nicht in ihrem vollen Umfang äussere, so antworte ich, dass Ihr kein Recht habt, ihr eine andere Ausdehnung zu geben, als in der Ihr seht, dass sie selbst jetzt sich äussert.

So bringe ich, o Athener! den Streit mit meinen Gegnern zu einem schnellen Ende. Der Lauf der Natur liegt offen vor meinen Augen wie vor den ihrigen. Der erfahrungsmässige Gang der Begebenheiten ist die grosse Richtschnur, nach der wir alle unser Benehmen regeln. Nichts weiter kann im Felde oder im Rate angerufen werden. Von nichts Anderem darf man in der Schule und im Hause hören. Unser beschränkter Verstand kann diese Grenze nicht durchbrechen, die für unsere verwöhnte Phantasie zu enge ist. Wenn wir aus dem Lauf der Natur den Beweis entnehmen und eine besondere verständige Ursache folgern, welche die Ordnung in der Welt gründete und forterhält, so stellen wir ein Prinzip auf, was sowohl ungewiss als nutzlos ist; ungewiss, weil es ganz jenseit menschlicher Erfahrung liegt; nutzlos, weil unsere Kenntnis dieser Ursache lediglich von dem Naturlauf abgeleitet ist, und wir daher nach den Regeln der gesunden Vernunft nicht rückwärts von der Ursache neue Folgerungen ableiten und neue Grundsätze für ihr Benehmen und Führung dadurch gewinnen können, dass zu dem gewöhnlichen und erfahrungsgemässen Lauf der Natur etwas hinzugesetzt wird.

Ich sehe (sagte ich, wie er seine Rede geendet hatte), dass Sie das Kunststück der alten Demagogen benutzen. Da es Ihnen beliebte, mich zum Volke zu machen; so suchen Sie meine Gunst dadurch zu gewinnen, dass Sie Grundsätze verteidigen, welchen ich mich, wie Sie wissen, immer gern angeschlossen habe. Aber wenn ich Ihnen gestatte, die Erfahrung (wie ich denke, dass Sie gethan) zum alleinigen Massstab unseres Urteiles über diese und alle andern Thatfragen zu machen, so möchte es doch gerade mittelst der Erfahrung, auf die Sie sich berufen, möglich sein, die Beweisführung zu widerlegen, welche Sie dem Epikur in den Mund legen. Wenn Sie z. B. ein halb fertiges Bauwerk mit Haufen von Ziegeln, Steinen und Mörteln und allem Maurerhandwerkzeug sehen, können Sie da nicht aus der Wirkung entnehmen, dass es ein Werk der Absicht und Überlegung ist? Und können Sie dann nicht rückwärts von dieser geschlossenen Ursache neue Zusätze für die Wirkung ableiten und schliessen, dass das Gebäude bald beendet sein und alle die weiteren Verbesserungen erhalten werde, welche die Kunstfertigkeit ihm erteilen kann? Wenn Sie am Meeresufer die Spur eines Fusstapfens sehen, würden Sie nicht schliessen, dass ein Mensch diesen Weg gegangen sei, und dass er auch die Spuren von seinem andern Fusse zurückgelassen habe, obgleich sie durch das Spülen des Sandes oder das Überströmen des Wassers verlöscht worden sind? Weshalb wollen Sie also nicht dieselbe Beweisführung für die Ordnung der Natur zulassen? Weshalb wollen Sie nicht die Welt und das jetzige Leben nur als ein unvollendetes Bauwerk betrachten, von dem man auf einen höhern Verstand schliesst, und weshalb wollen Sie nicht den Rückschluss von diesem höhern Verstande, der nichts unvollkommen lassen kann, auf eine vollkommenere Absicht oder Form ziehen, die ihre Erfüllung in einer entferntern Zeit und Ort erhalten wird? Sind diese Beweisführungen nicht einander ganz gleich? Aus welchem Grunde kann man deshalb die eine annehmen und die andere verwerfen?

Der ungeheure Unterschied in dem Gegenstand, erwiderte er, ist ein genügender Grund für diesen Unterschied in meinen Folgerungen. Bei menschlichen Werken und Einrichtungen ist es gestattet von der Wirkung auf die Ursache zu schliessen, und rückwärts aus dieser neue Folgerungen in Betreff der Wirkung zu ziehen und die Veränderungen zu prüfen, die sie vielleicht erlitten hat oder noch erleiden wird. Denn was ist hier die Grundlage dieser Folgerungen? Einfach die, dass der Mensch ein Wesen ist, das wir aus Erfahrung kennen, mit dessen Beweggründen und Absichten wir vertraut sind, und dessen Pläne und Neigungen eine gewisse Verbindung und einen Zusammenhang den Gesetzen gemäss haben, welche die Natur für die Leitung eines solchen Geschöpfes festgesetzt hat. Findet man also, dass ein Werk von der Geschicklichkeit und Thätigkeit eines Menschen herrührt, so kann man daraus eine Menge Folgerungen über das ziehen, was man von ihm zu erwarten hat, weil die Natur dieses Wesens bereits von anderwärts her bekannt ist, und alle diese Folgerungen sich auf Erfahrung und Beobachtung stützen. Kennte man aber den Menschen nur aus dem einzigen Werke, welches man vor sich hat, so wäre es unmöglich, in dieser Weise zu schliessen. Da alle Kenntnis der Eigenschaften, die man ihm zuteilt, in diesem Falle nur aus diesem Werke abgeleitet würde, so könnten sie unmöglich zu etwas Neuem führen und zur Grundlage neuer Folgerungen dienen. Die Fussspur im Sande kann für sich allein nur beweisen, dass ein ihr entsprechender Körper dagewesen ist, der sie hervorgebracht hat; aber die Spur eines Menschenfusses beweist ausserdem nach unserer sonstigen Erfahrung, dass wahrscheinlich ein zweiter Fuss dagewesen ist, welcher auch eine Spur hinterlassen hat, die nur die Zeit oder andere Umstände verlöscht haben. Hier gehen wir allerdings von der Wirkung zur Ursache vor und schliessen, wieder rückwärtsgehend, von der Ursache auf

Änderungen in der Wirkung. Aber dieses ist keine Fortsetzung derselben einfachen Schlusskette. Wir fassen in diesem Falle eine Menge Erfahrungen und Beobachtungen rücksichtlich der gewöhnlichen Gestalt und Glieder dieser Art von Geschöpfen zusammen, ohne welche dieses Beweisverfahren als trügerisch und spitzfindig gelten müsste.

Der Fall ist bei unsern Folgerungen aus Werken der Natur nicht derselbe. Wir kennen die Gottheit nur aus ihren Werken; sie ist in der Welt nur einmal da und kann nicht unter eine Art oder Gattung begriffen werden, aus deren wahrgenommenen Eigenschaften und Bestimmungen wir mittelst der Ähnlichkeit auf eine Eigenschaft oder Bestimmung in ihr schliessen könnten. Da das Weltall Weisheit und Güte zeigt, so folgern wir Weisheit und Güte. Da es ein bestimmtes Mass dieser Vorzüge zeigt, so folgern wir ein bestimmtes Mass derselben, das genau den erprobten Wirkungen entspricht. Aber weitere Eigenschaften oder ein grösseres Mass derselben ist man nach den Regeln des richtigen Schliessens zu folgern oder anzunehmen nicht berechtigt. Sind aber solche Annahmen nicht gestattet, so können wir mit der Ursache nicht weiter kommen und keine anderen Zustände in der Wirkung folgern als die unmittelbar wahrgenommenen. Ein höheres, von diesem Wesen hervorgebrachtes Gut muss einen höhern Grad von seiner Güte beweisen, eine unparteiischere Austeilung von Lohn und Strafe muss aus einer grössern Achtung für Gerechtigkeit und Billigkeit hervorgehen. Jeder willkürlich angenommene Zusatz zu den Werken der Natur giebt einen Zusatz zu den Eigenschaften des Urhebers der Natur; da er aber durch keinen Grund oder Beweis unterstützt ist, so kann er nur als leere Vermutung und Voraussetzung gelten.

Die grosse Quelle des Irrtums und der schrankenlosen Freiheit von Vermutungen, der wir in solchem Falle nachgeben, ist, das wir stillschweigend uns an die Stelle des höchsten Wesens setzen und folgern, dass es überall sich ebenso benehmen werde, wie wir selbst es in solcher Lage für ratsam und vernünftig halten würden. Aber schon der gewöhnliche Lauf der Natur belehrt uns, dass beinahe jedes Ding durch Kräfte und Regeln bestimmt wird, die von den unsrigen sehr abweichen, und ausserdem widerspricht es allen Regeln der Analogie, aus den Absichten und Plänen eines Menschen auf die eines so verschiedenen und so viel höheren Wesens zu schliessen. In der menschlichen Natur besteht erfahrungsgemäss ein Zusammenhang der Absichten und Neigungen, so dass, wenn man aus einem Umstand die Absicht des Menschen entnommen hat, es vernünftig ist, nach der Erfahrung auf andere zu schliessen und eine lange Reihe von Folgerungen über sein vergangenes und künftiges Benehmen zu ziehen. Aber diese Schlussweise gilt nicht bei einem so entfernten und unbegreiflichen Wesen, welches den andern im Weltall weniger ähnelt als die Sonne einer Wachskerze, und welches sich nur durch einige schwache Spuren und Züge erkennbar macht, über die hinaus wir ihm keine Eigenschaft oder Vollkommenheit beilegen können. Was wir für eine höhere Vollkommenheit halten, kann in Wahrheit ein Mangel sein, und selbst wenn es eine Vollkommenheit wäre, so kann man sie doch dem höchsten Wesen nicht zuteilen, wenn ihre volle Äusserung in seinem Werke nicht wahrzunehmen ist; dies würde mehr nach Schmeichelei und Lobhudelei schmecken, als nach einem richtigen Schliessen und nach gesunder Philosophie. Alle Philosophie der Welt und alle Religion, die ja nur eine Art der Philosophie ist, kann uns nicht über den gewöhnlichen Lauf der Erfahrung hinaus heben oder uns einen Massstab für unser Benehmen und Betragen geben, der von dem aus der Betrachtung des gewöhnlichen Lebens entnommenen abweicht. Aus der religiösen Hypothese kann keine neue Thatsache gefolgert, kein Ereignis vorher gesehen und vorher verkündet, keine Strafe oder Belohnung gefürchtet oder gehofft werden über das hinaus, was Erfahrung und Beobachtung ergeben. Meine Verteidigung des Epikur bleibt deshalb fest und genügend; die politischen Interessen der Gesellschaft haben keinen Zusammenhang mit den philosophischen Erörterungen über Metaphysik und Religion.

Einen Umstand, erwiderte ich, scheinen Sie doch übersehen zu haben. Ich gebe Ihre Vordersätze zu; aber ich leugne den Schluss. Sie folgern, dass religiöse Lehren und Erörterungen keinen Einfluss auf das Leben haben können, weil sie keinen haben sollen, und erwägen nicht, dass die Menschen nicht so, wie Sie, schliessen, sondern vieles aus dem Glauben an ein göttliches Wesen ableiten, und dass sie annehmen, es werde dieses Strafen über das Laster verhängen und Belohnungen der Tugend erteilen, über das hinaus, was der gewöhnliche Lauf der Natur ergiebt. Es ist gleich, ob diese Folgerung richtig ist oder nicht; der Einfluss auf ihr Leben und Benehmen bleibt derselbe, und wer es unternimmt, sie von diesen Vorurteilen zu befreien, ist meines Erachtens wohl ein guter Logiker, aber kein guter Bürger und Politiker, denn er befreit die Menschen von einer Schranke ihrer Leidenschaften und erleichtert, ja sichert in gewisser Hinsicht die Verletzung der bürgerlichen Gesetze.

Nach allem trete ich Ihnen also in Ihrem allgemeinen Ausspruche zu gunsten der Denkfreiheit wohl bei; aber aus anderen Vordersätzen, als die Sie dazu benutzen. Ich meine, der Staat muss jede philosophische Lehre zulassen, es giebt auch kein Beispiel, dass eine Regierung durch solche Nachsicht in ihren politischen Interessen gelitten hätte. Unter den Philosophen herrscht keine Begeisterung; ihre Lehren sind nicht verlockend für das Volk; und man könnte ihre Erörterungen nicht ohne Nachteil für die Wissenschaften und selbst für den Staat beschränken, denn man ebnete damit den Weg für Verfolgung und Unterdrückung auch in solchen Dingen, bei denen die Menschheit mehr beteiligt und tiefer interessiert ist.

Indes treffe ich hier (fuhr ich fort) bei Ihrem Hauptsatze auf eine Schwierigkeit, die ich nur berühre, ohne darauf besonderen Wert zu legen, damit wir nicht in zu feine und zarte Erörterungen geraten. Kurz, ich muss bezweifeln, ob es überhaupt möglich ist, eine Ursache aus ihrer Wirkung zu erkennen (wie Sie immer angenommen haben); oder ob sie von so eigentümlicher und besonderer Beschaffenheit sein könne, dass sie keine Vergleichung oder Analogie mit anderen Ursachen oder Dingen gestattete, welche in der Erfahrung je vorgekommen sind. Nur wenn zwei Arten von Dingen immer verbunden angetroffen werden, kann man von dem Einen auf das Andere schliessen. Ist aber eine Wirkung ganz eigentümlich und unter keine bekannte Art zu befassen, so lässt sich nach meiner Ansicht überhaupt keine Vermutung oder Folgerung in betreff ihrer Ursache aufstellen. Wenn Erfahrung, Beobachtung und Analogie in Wahrheit die einzigen Führer sind, denen man bei Folgerungen dieser Art vernünftigerweise sich anvertrauen kann, so muss eine bestimmte Wirkung und Ursache anderen bekannten Wirkungen und Ursachen gleichen, die in vielen Fällen verbunden angetroffen worden sind.

Ich überlasse es Ihrem eigenen Nachdenken, den Folgen dieses Grundsatzes nachzugehen. Ich sollte meinen, dass, wenn die Gegner des Epikur annehmen, das Weltall, als eine ganz besondere und unvergleichliche Wirkung, beweise das Dasein der Gottheit, als eine nicht weniger besondere und unvergleichliche Ursache, Ihre Bedenken gegen solche Folgerungen sicher alle Berücksichtigung verdienen. Es besteht allerdings eine Schwierigkeit für den Rückschluss von der Ursache auf die Wirkung und für den Schluss auf eine Veränderung oder Vermehrung der letzteren vermittelst Folgerungen aus unseren Vorstellungen über die erstere.

Abteilung XII.

Über die Akademische oder Skeptische Philosophie.

Keine Frage ist philosophisch mehr und häufiger erörtert worden als die über die Beweise für das Dasein Gottes und die Widerlegung der Irrtümer der Atheisten. Dennoch streiten die frömmsten Philosophen noch immer, ob ein Mensch so verblendet sein und durch philosophisches Forschen zum Atheisten werden könne. Wie soll man diese Widersprüche aussöhnen? Die fahrenden Ritter, welche umherzogen, um die Welt von Drachen und Riesen zu reinigen, bezweifelten nie das Dasein solcher Ungeheuer.

Die Skepsis ist noch ein anderer Feind der Religion, welcher natürlich den Unwillen aller Geistlichen und tiefen Philosophen erregt, obgleich sicherlich noch Niemand einen so verrückten Menschen getroffen oder mit Jemand verkehrt hat, der gar keine Meinung und gar keinen Grundsatz über irgend etwas, sei es im Handeln, sei es im Untersuchen, gehabt hätte. Dies veranlasst natürlich die Frage: Was versteht man unter einem Skeptiker? Und wie weit kann dieses philosophische Prinzip des Zweifels und der Ungewissheit getrieben werden?

Es giebt eine Art von Skeptizismus, welcher jedem Studium und jeder Philosophie vorausgeht; Descartes und Andere haben ihn als ein oberstes Schutzmittel gegen Irrtum und übereiltes Urteilen empfohlen. Descartes fordert allgemeinen Zweifel nicht bloss an unseren früheren Meinungen und Grundsätzen, sondern selbst an unserm Erkenntnisvermögen; wir müssen uns, nach seiner Meinung, von dessen Wahrhaftigkeit vielmehr durch eine Kette von Schlüssen vergewissern, welche von einem obersten Prinzip, das nicht mehr falsch und irreführend sein kann, ausgeht. Aber es giebt weder ein solches ursprüngliches Prinzip, was den Vorrang über andere, selbstverständliche und überzeugende hätte, noch könnten wir, wenn es bestände, einen Schritt über dasselbe hinaus thun, ohne die Vermögen zu gebrauchen, denen man doch misstraut. Der Cartesianische Zweifel wäre daher, wenn er überhaupt einem Menschen möglich wäre (was offenbar nicht der Fall ist) ganz unheilbar, und kein Vernunftschluss könnte dann je über irgend etwas Gewissheit und Überzeugung verschaffen.

Aber ein solches Zweifeln in mässiger Weise kann allerdings in einem sehr vernünftigen Sinne verstanden werden, und eine notwendige Vorbereitung zu dem Studium der Philosophie sein. Es erhält die Unparteilichkeit des Urteils und befreit den Geist von den Vorurteilen, die er durch Erziehung und vorschnelles Absprechen eingesogen hat. Mit klaren und selbstverständlichen Grundsätzen zu beginnen, mit vorsichtigen und ängstlichen Schritten vorzugehen, die Schlüsse wiederholt zu prüfen und alle ihre Folgerungen sorgfältig zu überdenken: solche Mittel gestatten allerdings nur einen langsamen und allmählichen Fortschritt in unserem Systeme, aber sie sind der einzige Weg, auf dem man hoffen kann, die Wahrheit zu gewinnen und eine angemessene Festigkeit und Gewissheit in unsern Ansichten zu erreichen.

Es giebt eine Art von Skeptizismus, welcher der Wissenschaft und Untersuchung nachfolgt, wenn man entweder das Unbedingt-Trügerische der geistigen Fähigkeiten entdeckt zu haben meint, oder ihre Unfähigkeit irgend eine feste Bestimmung in all' jenen interessanten Fragen der Spekulation zu erreichen, für die man sie zu benutzen pflegt. Selbst unsere Sinne sind durch eine Gattung von Philosophen in den Streit gezogen worden, und die Regeln des gewöhnlichen Lebens sind ebenso angezweifelt worden, wie die tiefsten Prinzipien und Folgerungen der Metaphysik und Theologie. Da diese paradoxen Sätze (im Fall man sie Sätze nennen will) bei einzelnen Philosophen angetroffen werden, und Andere sie zu widerlegen versucht haben, so erregt dies unsere Wissbegierde und lässt uns nach den Gründen fragen, auf die sich beide stützen.

Ich brauche mich hier nicht bei den allbekannten Gründen aufzuhalten, welche von den Skeptikern aller Zeiten gegen das Zeugnis der Sinne vorgebracht worden sind; sie sind aus der Unvollkommenheit und den bei vielen Gelegenheiten vorkommenden Täuschungen der Organe hergenommen; z. B. von dem scheinbar gebrochenen Ruder im Wasser; von dem verschiedenen Aussehen der Gegenstände nach ihrer verschiedenen Entfernung; von den Doppelbildern bei dem Druck des Auges und von vielen anderen Erscheinungen ähnlicher Art. Diese skeptischen Gemeinplätze beweisen nur, dass man sich auf die Sinne allein nicht verlassen kann, sondern dass ihr Zeugnis durch die Vernunft und durch Betrachtungen berichtigt werden muss, welche sich aus der Natur des Mediums, aus der Entfernung des Gegenstandes und aus dem Zustande des Organs ableiten; nur dann können sie in ihrem Gebiete als sichere Kennzeichen des Wahren und Falschen gelten. Es giebt indes noch tiefere Bedenken gegen die Sinne, die sich nicht so leicht beseitigen lassen.

Offenbar werden die Menschen durch einen natürlichen Instinkt oder eine Voreingenommenheit getrieben, ihren Sinnen zu glauben. Ohne alle Vernunftgründe, und selbst vor dem Gebrauche der Vernunft nehmen wir schon eine Welt ausser uns an, welche nicht von unserer Wahrnehmung abhängt, sondern bleiben würde, wenn auch wir und jedes sinnliche Wesen entfernt oder vernichtet würden. Selbst die Tiere werden von der gleichen Meinung geleitet und zeigen in all ihrem Vorstellen, Wollen und Thun diesen Glauben an äussere Gegenstände.

Es ist also offenbar, dass die Menschen im Dienste dieses blinden und mächtigen Naturinstinkts die ihnen durch die Sinne zugeführten Bilder immer auf äussere Gegenstände beziehen und keinen Zweifel hegen, dass das Eine nur die Vorstellung des Andern sei. Von diesem Tische, dessen Weiss wir sehen, und dessen Härte wir fühlen, glauben wir, dass er unabhängig von unserer Wahrnehmung existiert, und dass er etwas ausserhalb der Seele ist, welche ihn wahrnimmt. Unsere Gegenwart giebt ihm nicht das Dasein, und unsere Abwesenheit vernichtet ihn nicht; er bewahrt sein Dasein gleichförmig und ganz unabhängig von der Stellung verständiger Wesen, welche ihn wahrnehmen oder ihn betrachten.

Aber diese allgemeine und ursprüngliche Überzeugung aller Menschen wird durch die leichteste Berührung mit der Philosophie zerstört, die uns lehrt, dass der Seele nur ein Bild oder eine Vorstellung gegenwärtig sein könne, und dass die Sinne nur Kanäle seien, welche diese Bilder einführen, ohne einen unmittelbaren Verkehr zwischen der Seele und dem Gegenstande zu haben. Der Tisch, den wir sehen, scheint mit unserer Entfernung kleiner zu werden; aber der wirkliche Tisch, welcher unabhängig von uns besteht, erleidet keine Aenderung; es war deshalb nur sein Bild, was der Seele gegenwärtig war. Dies sind die klaren Annahmen der Vernunft, und kein Denkender hat je bezweifelt, dass die Gegenstände, welche wir betrachten, wenn wir sagen: dies Haus und dieser Baum, nur Vorstellungen der Seele sind und schwankende Bilder oder Darstellungen von Gegenständen, welche gleichförmig und selbständig bleiben.

Insoweit sind wir durch die Vernunft gezwungen, dem ursprünglichen Natur-Instinkt zu widersprechen, oder ihn zu verlassen und ein neues System in bezug auf das Zeugnis unserer Sinne anzunehmen. Hier gerät aber die Philosophie in grosse Verlegenheit, sobald sie dieses neue System rechtfertigen und die Einwürfe und den Spott der Skeptiker widerlegen will. Sie kann nicht mehr auf den untrüglichen und unwiderstehlichen Naturinstinkt zurückgehen, denn dieser führt uns zu einem ganz anderen System, was als unzuverlässig, ja als irrtümlich anerkannt ist. Die Rechtfertigung des angeblichen philosophischen Systems durch eine Reihe von klaren und überzeugenden Gründen, oder auch nur durch den Schein einer solchen Begründung, übersteigt aber alle menschliche Fähigkeit und Kraft.

Mit welchem Grunde kann bewiesen werden, dass die Vorstellungen der Seele die Wirkungen äusserer Gegenstände seien, die, zwar ganz verschieden von ihnen, doch ihnen gleichen (wenn dies möglich ist), und dass sie weder aus der Wirksamkeit der Seele selbst, noch aus der Eingebung eines unsichtbaren und unbekannten Geistes, oder aus irgend einer anderen uns noch unbekannteren Ursache entspringen. Bekanntlich entstehen thatsächlich viele dieser Vorstellungen nicht von äusseren Gegenständen, wie dies im Traume, in der Raserei und anderen krankhaften Zuständen der Fall ist. Nichts ist unerklärlicher als die Art, in welcher ein Körper auf die Seele wirken soll, um ein Bild von sich einer Substanz von so verschiedener, ja entgegengesetzter Natur zuzuführen.

Es ist eine Thatfrage, ob die Wahrnehmungen der Sinne durch äussere ihnen gleichende Gegenstände hervorgebracht werden. Wie will man diese Frage entscheiden? Offenbar durch Erfahrung, wie bei allen anderen Fragen dieser Art. Aber hier schweigt die Erfahrung und muss es. Die Seele hat immer nur die Vorstellung gegenwärtig und kann nie deren Verknüpfung mit den Gegenständen durch Erfahrung erreichen. Die Annahme einer solchen Verknüpfung hat deshalb keinen Vernunftgrund für sich. Die Zuflucht zur Wahrhaftigkeit eines höchsten Wesens, um daraus die Wahrhaftigkeit unserer Sinne zu beweisen, ist ein überraschender Irrweg. Wenn jenes Wesens Wahrhaftigkeit hier überhaupt beteiligt wäre, so müssten unsere Sinne ganz untrüglich sein, weil es ja auch nicht einmal betrügen kann. Ich will nicht einmal erwähnen, dass, wenn die äussere Welt einmal in Frage gestellt ist, wir schwerlich Gründe finden werden, um das Dasein eines solchen Wesens oder einer seiner Eigenschaften zu beweisen.

Dies ist daher ein Gebiet, in welchem die gründlicheren und tiefer blickenden Skeptiker immer triumphieren werden, wenn sie einen allgemeinen Zweifel über alle Gegenstände des menschlichen Wissens und Forschens erheben. Wollt ihr dem Instinkt und dem Naturtrieb folgen, werden sie sagen, und der Wahrhaftigkeit der Sinne zustimmen? Aber diese führen euch zu dem Glauben, dass die blosse Vorstellung oder das empfundene Bild der äussere Gegenstand sei. Verleugnet ihr diesen Grundsatz, um die vernünftigere Meinung anzunehmen, dass die Empfindungen nur die Darstellungen von irgend etwas Äusserlichem seien? Dann verlasst ihr euren Naturtrieb und die unmittelbare Empfindung und könnt doch eure Vernunft nicht befriedigen, welche niemals einen überzeugenden Grund aus der Erfahrung dafür entnehmen kann, dass die Empfindungen mit äusseren Gegenständen verknüpft seien.

Es giebt noch eine andere ähnliche skeptische Wendung, die sich aus der tiefsten Forschung ableitet, und die unsere Aufmerksamkeit verdiente, wenn es nötig wäre, so tief zu tauchen, um Gründe und Beweise zu entdecken, die doch für einen ernsten Zweck von so geringem Nutzen sind. Alle neuen Forscher erkennen einstimmig an, dass die sinnlichen Eigenschaften der Gegenstände, wie Härte, Weichheit, Hitze, Kälte, Weiss, Schwarz u. s. w. nur von mittelbarer Natur sind, nicht in den Dingen selbst bestehen, sondern bloss als Vorstellungen in der Seele, ohne dass ein äusseres Urbild oder Muster ihnen entspricht. Wenn dies für diese Eigenschaften anerkannt wird, so muss es auch von den angeblichen ursprünglichen Eigenschaften der Ausdehnung und Undurchdringlichkeit gelten, und letztere haben nicht mehr Recht auf diesen Namen als die ersteren. Die Vorstellung der Ausdehnung wird nur durch Sehen und Fühlen erworben, und wenn alle von den Sinnen wahrgenommenen Eigenschaften nur in der Seele und nicht in dem Gegenstande sind, so gilt derselbe Schluss auch für den Begriff der Ausdehnung, welcher ganz von den sinnlichen Vorstellungen oder Vorstellungen der mittelbaren Eigenschaften abhängig ist.

Nichts kann uns vor diesem Schlusse schützen, als die Behauptung, dass die Vorstellungen dieser Ureigenschaften durch reines Denken gewonnen werden; eine Meinung, welche indes bei genauerer Untersuchung als unverständlich, ja widersinnig sich ausweist. Die Ausdehnung, welche weder sichtbar noch fühlbar ist, kann nicht gedacht werden, und eine fühlbare oder sichtbare Ausdehnung, welche weder weich noch hart, weder weiss noch schwarz ist, geht ebenso über die menschlichen Begriffe. Es versuche jemand sich ein Dreieck überhaupt vorzustellen, welches weder gleichseitig noch ungleichseitig, weder in der Länge, noch in dem Verhältnis der Seiten bestimmt ist, und er wird bald die Widersinnigkeit der scholastischen Begriffe von reinem Denken und allgemeinen Vorstellungen bemerken.

Abschnitt II.

Es scheint ein übermütiges Unternehmen, wenn die Skeptiker die Vernunft durch Vernunftgründe und Beweise widerlegen wollen, und doch ist dies das grosse Ziel ihrer Untersuchungen und Kämpfe. Sie suchen Einwürfe sowohl gegen die reinen Vernunftbeweise, wie gegen die, welche die Thatsachen und das Dasein betreffen.

Der Haupteinwand gegen alle aus dem blossen Denken entnommenen Beweise wird von der Vorstellung des Raumes und der Zeit entlehnt. Beides sind Vorstellungen, welche im gewöhnlichen Leben und bei sorgloser Auffassung völlig klar und verständlich erscheinen; aber bei einer gründlichen wissenschaftlichen Untersuchung, deren Hauptgegenstand sie sind, führen sie zu durchaus verkehrten und widersprechenden Folgerungen. Es giebt keinen priesterlichen Glaubenssatz, der, zur Zähmung und Unterjochung der widerspenstigen Vernunft erfunden, den unbefangenen Sinn mehr verwirrt, als die Lehre von der unendlichen Teilbarkeit des Raumes mit ihren Folgerungen, so pomphaft sie auch von den Mathematikern und Metaphysikern mit Triumph und Jubel entwickelt werden. Eine wirkliche Grösse, die unendlich kleiner ist als jede endliche Grösse, und die unendlich kleinere Grössen als sie selbst in sich enthält, und so fort ohne Ende, das ist ein so dreistes und wunderbares Werk, dass jeder Beweis für seine Unterstützung zu schwach bleibt; denn es verletzt die klarsten und natürlichsten Grundsätze der menschlichen Vernunft.

Was aber die Sache noch mehr verwickelt, ist, dass dieser anscheinend widersinnige Satz auf eine Reihe der natürlichsten und klarsten Beweisgründe gestützt werden kann, und dass man die Vordersätze nicht zugeben kann, ohne auch die Folgerung anerkennen zu müssen. Nichts kann überzeugender und genügender sein als die Beweise für alle Lehrsätze über Kreise und Dreiecke. Erkennt man aber diese an, so kann man nicht bestreiten, dass der Winkel zwischen der Kreislinie und ihrer Tangente unendlich kleiner ist, als jeder geradlinige Winkel; dass ferner bei einer Vergrösserung des Durchmessers des Kreises ins Unendliche, dieser Berührungswinkel immer kleiner wird, und zwar ohne Ende, und dass der Berührungswinkel zwischen anderen krummen Linien und ihren Tangenten noch unendlich kleiner sein kann, als der zwischen der Kreislinie und ihrer Tangente, und so immer fort ohne Ende. Der Beweis dieses Satzes erscheint ebenso unerschütterlich als der, dass die drei Winkel eines Dreieckes zwei rechten gleich sind, obgleich der letztere Satz natürlich und leicht ist, und jener voll Widerspruch und Verkehrtheit. Die Vernunft scheint hier in eine Art von Staunen und Beklemmung versetzt zu sein; auch ohne die Angriffe des Skeptikers kann sie sich selbst und dem Boden, auf dem sie wandelt, nicht mehr vertrauen. Sie sucht ein helles Licht, was bestimmte Stellen erleuchtet, aber dieses Licht grenzt an die tiefste Dunkelheit; zwischen beiden steht sie selbst so verblendet und verwirrt, dass sie kaum noch über irgend Etwas sich gewiss und mit Überzeugung auszusprechen vermag.

Das Widersinnige solcher dreisten Behauptungen der abstrakten Wissenschaften wird bei der Zeit womöglich noch greifbarer als bei dem Raume. Eine unendliche Zahl von wirklichen Zeitteilen, die einander folgen, und wo einer den anderen vernichtet, erscheint als ein so offenbarer Widerspruch, dass man meinen sollte, kein Mensch, dessen Verstand durch die Wissenschaften nicht verdorben, sondern verbessert worden ist, könnte ihn je zulassen.

Dennoch kann die Vernunft nicht ruhen und still stehen, gerade mit bezug auf den Skeptizismus, in den sie durch diese anscheinenden Widersprüche und Verkehrtheiten gedrängt wird. Es ist völlig unbegreiflich, wie ein klarer Begriff Bestimmungen enthalten könne, die ihm selbst oder einem anderen klaren Begriffe widersprechen; es ist dies ein so widersinniger Satz, als sich nur erdenken lässt. Es giebt daher nichts skeptischeres, nichts zweifelhafteres und bedenklicheres, als diesen Skeptizismus selbst, der aus einigen paradoxen Sätzen der Geometrie oder Grössenlehre entspringt.

Die skeptischen Einwürfe gegen die moralische Gewissheit oder gegen die Vernunftschlüsse bei Thatsachen sind entweder populär oder philosophisch. Die ersten werden aus der Schwäche des menschlichen Verstandes abgeleitet; ferner aus den widersprechenden Meinungen verschiedener Zeiten und Völker; aus dem Wechsel unseres Urteiles nach Krankheit und Gesundheit, Jugend und Alter, Glück und Unglück; aus dem fortwährenden Widerspruch in jedes Einzelnen Meinungen und Ansichten und aus mancherlei anderen Erwägungen gleicher Natur. Bei diesen Einwürfen brauche ich mich nicht lange aufzuhalten; sie sind nur schwach. Im gewöhnlichen Leben urteilen wir fortwährend über Thatsachen und Dasein, und können ohne diese Art der Folgerung nicht bestehen, deshalb vermögen jene populären Einwürfe nicht diese Überzeugung zu entkräften. Was den Pyrrhonismus oder die auf das Äusserste getriebenen Grundsätze des Skeptizismus niederschlägt, ist das Handeln, die Thätigkeit und die Beschäftigung des gewöhnlichen Lebens. In den Hörsälen mögen diese Sätze blühen und triumphieren, wo ihre Widerlegung schwer oder unmöglich ist; sobald sie aber die Dämmerung verlassen und durch die Gegenwart der wirklichen Dinge, die unsere Leidenschaften und Empfindungen erwecken, mit den mächtigsten Prinzipien unserer Natur in Gegensatz geraten, verschwinden sie wie Rauch und lassen den entschiedensten Skeptiker in gleichem Zustande wie andere Sterbliche.

Der Skeptiker thut deshalb besser, in seinem Gebiete zu bleiben und die philosophischen Einwürfe darzulegen, welche aus tiefern Untersuchungen sich ergeben. Hier hat er reiche Gelegenheit zu Triumphen; hier kann er mit Recht zeigen, dass alle unsere Gewissheit über Thatsachen, welche über das Zeugnis der Sinne und das Gedächtnis hinaus liegen, sich nur aus der Beziehung von Ursache und Wirkung ableitet; dass man keinen andern Begriff von dieser Beziehung habe, als den von zwei Dingen, die häufig mit einander verbunden sind; dass kein Beweisgrund dafür besteht, weshalb Gegenstände, die erfahrungsmässig häufig mit einander verbunden gewesen sind, auch in anderen Fällen ebenso verbunden sein werden; dass nur die Gewohnheit oder eine Art Natur-Instinkt zu solcher Annahme führt. Allerdings kann man solchem Instinkt nur schwer widerstehen, aber er kann, wie andere Instinkte, täuschen und betrügen. Hält sich der Skeptiker innerhalb dieser Betrachtungen, so zeigt er seine Stärke, oder vielmehr seine eigene und unsere Schwäche, und zerstört, wenigstens zur Zeit, alle Gewissheit und Überzeugung. Man könnte diese Erörterung noch weiter fortsetzen, wenn sie zu einem dauerhaften Vorteil oder Nutzen für die Gesellschaft führte.

Denn es ist der wichtigste und niederschlagendste Einwand gegen den übertriebenen Skeptizismus, dass kein dauerhafter Nutzen aus ihm hervorgehen könne, so lange er sich in seiner vollen Stärke und Kraft erhält. Man braucht einen solchen Skeptiker nur zu fragen: was er wolle, und was er mit all diesen sinnreichen Erörterungen beabsichtige? Er wird dann sofort in Verlegenheit geraten und keine Antwort haben. Ein Kopernikaner oder Ptolemäer, der jeder sein eigenes astronomisches System vorträgt, kann hoffen, seinen Zuhörern eine feste und bleibende Überzeugung beizubringen. Stoiker und Epikuräer entwickeln Grundsätze, welche nicht allein vorhalten, sondern auch ihre Wirkung auf Benehmen und Betragen ausüben. Aber ein Pyrrhonianer kann von seiner Philosophie weder einen bleibenden Einfluss auf die Seele erwarten, noch dass dieser Einfluss, wenn er statt hätte, ein wohlthätiger für die menschliche Gesellschaft sein würde. Im Gegenteil, er muss anerkennen, wenn er überhaupt etwas anerkennen will, dass, wenn seine Grundsätze allgemein und dauernd zur Herrschaft kämen, alles menschliche

Leben untergehen müsste. Jede Rede, jede Handlung würde sofort aufhören, und die Menschen würden in gänzlicher Betäubung verharren, bis die unbefriedigten Bedürfnisse der Natur ihrem elenden Dasein ein Ende machten. Man braucht allerdings einen so schrecklichen Ausgang nicht zu fürchten; die Natur ist immer mächtiger als diese Grundsätze. Ein Pyrrhonianer kann sich und Andere eine Zeit lang durch tiefe Beweise in Staunen und Verwirrung bringen; aber der erste und einfachste Vorfall des Lebens wird alle seine Zweifel und Bedenken verjagen und ihn im Punkte des Handelns und Beschliessens mit den Philosophen aller anderen Sekten, so wie mit denen, die sich nie mit philosophischen Untersuchungen abgegeben haben, gleich stellen. Wenn er aus seinem Traum erwacht, wird er der Erste sein, der in das Gelächter über sich mit einstimmt, und der anerkennt, dass alle seine Einwürfe nur unterhaltend sind und nur die launische Natur des Menschen offenbaren. Der Mensch muss handeln, folgern und glauben, obgleich er trotz der sorgfältigsten Untersuchung sich über die Grundlagen dieser Thätigkeiten nicht vergewissern, noch die gegen sie erhobenen Einwürfe zu widerlegen vermag.

Abschnitt III.

Es giebt in der That einen milderen Skeptizismus oder eine akademische Philosophie, die sowohl dauerhaft nützlich ist und zum Teil aus diesem Pyrrhonismus oder übertriebenen Skeptizismus hervorgeht, wenn seine masslosen Zweifel durch natürlichen Verstand und Überlegung in einem gewissen Grade berichtigt werden. Die meisten Menschen neigen von Natur zu absprechenden und entschiedenen Aussprüchen; sie sehen die Gegenstände nur von einer Seite, denken nicht an die Gegengründe und erfassen so die ihnen zusagenden Grundsätze mit Heftigkeit und ohne Nachsicht für Die, welche anderer Ansicht sind. Das Zögern und Erwägen verwirrt ihren Verstand, verstösst gegen ihre Leidenschaften und hemmt ihr Handeln. Sie verlangen deshalb mit Ungeduld, aus einem ihnen so lästigen Zustande herauszukommen und meinen, durch Heftigkeit ihrer Behauptungen und durch Hartnäckigkeit in ihrem Glauben sich nicht weit genug davon entfernen zu können. Könnten solche Leute bei ihrem hartnäckigen Streiten die merkwürdigen Schwächen des menschlichen Verstandes, selbst in seinem vollkommensten Zustande und in seinen genauesten und vorsichtigsten Bestimmungen bemerken, so würden sie natürlich mit mehr Bescheidenheit und Vorsicht auftreten, und es würden die Überschätzung ihrer selbst und ihre Vorurteile gegen ihre Gegner sich mindern. Der Ungelehrte sollte sich den Zustand des Gelehrten vergegenwärtigen,, welcher trotz allen Gewinns aus Studium und Nachdenken den gewonnenen Meinungen misstraut. Dagegen werden Gelehrte, die von Natur zu Hochmut und Hartnäckigkeit neigen, durch eine leichte Färbung von Pyrrhonismus in ihrem Stolze nachlassen, wenn man ihnen zeigt, dass ihre paar Vorteile über die Mitarbeiter nur gering erscheinen, wenn man sie mit der allgemeinen, der menschlichen Natur anhaftenden Unordnung und Verwirrung vergleicht. Sicherlich sollte ein gewisser Grad von Vorsicht, Zweifel und Bescheidenheit bei allen Arten von Untersuchungen und Entscheidungen den wahren Forscher nie verlassen.

Eine andere Art des milderen Skeptizismus, die für die Menschheit nützlich und natürliche Folge der Pyrrhonianischen Zweifel und Bedenken sein mag, beschränkt unsere Untersuchungen nur auf Dinge, die für die schwachen Fähigkeiten des menschlichen Verstandes sich am besten eignen. Die Phantasie des Menschen treibt von Natur nach oben; sie freut sich an dem Entfernten und Ausserordentlichen und stürzt sich ohne Vorsicht in die fernsten Orte nach Raum und Zeit, um den gewohnten und allbekannten Gegenständen zu entgehen. Ein gesunder Verstand wählt den entgegengesetzten Weg, vermeidet alle weitgehenden und tiefen Untersuchungen und beschränkt sich auf das gewöhnliche Leben und auf solche Dinge, die zur täglichen Übung und Erfahrung gehören. Er überlässt jene erhabeneren Gebiete den Dichtern und Rednern, die sie ausschmücken mögen, oder den Künsten der Priester und Politiker. Nichts hilft mehr zu solchem heilsamen Entschluss, als die feste Überzeugung von der Gewalt Pyrrhonianischer Zweifel, und dass nur die Kraft des natürlichen Instinkts davon befreien kann. Wer zur Philosophie neigt, wird trotzdem seine Untersuchungen fortsetzen; denn neben dem Vergnügen an solchen Beschäftigungen weiss er, dass philosophische Sätze nur die geregelten und berichtigten Betrachtungen über das gewöhnliche Leben sind; aber er wird nie in die Versuchung kommen, darüber hinauszugehen, sobald er die Unvollkommenheit der dazu dienlichen Vermögen, ihren engen Bereich und ihre ungenauen Wirkungen erwägt. Wir können keinen genügenden Grund dafür angeben, weshalb wir nach tausend Proben glauben, dass der Stein fallen und das Feuer brennen wird; wie können wir daher hoffen, irgend eine zufriedenstellende Erkenntnis über den Ursprung der Welt und den Zustand der Natur von Anfang bis in alle Ewigkeit zu erreichen?

Diese enge Schranke für unsere Untersuchungen ist in jeder Beziehung so klar, dass schon die oberflächlichste Untersuchung der natürlichen Kräfte des

Verstandes und ihre Vergleichung mit ihren Gegenständen genügt, sie uns zu empfehlen. Dann wird man erst die wahren und geeigneten Gegenstände der Wissenschaft und Untersuchung auffinden.

Die einzigen Gegenstände der Vernunftwissenschaft oder der strengen Beweise scheinen die Grösse und die Zahl zu sein; alle Versuche, diese vollkommene Weise der Erkenntnis über diese Grenze auszudehnen, wird zur reinen Spitzfindigkeit und Täuschung. Da die Bestandteile von Grösse und Zahl einander ganz ähnlich sind, so werden ihre Beziehungen mannichfach und verwickelt, und nichts ist unterhaltender und nützlicher, als durch verschiedene Mittelglieder ihre Gleichheit und Ungleichheit in ihren verschiedenen Erscheinungen zu verfolgen. Alle anderen Begriffe sind dagegen von einander unterschieden und scharf getrennt; man kommt deshalb hier selbst bei der genauesten Nachforschung nicht weiter, als zur Erkenntnis dieses Unterschieds und zu dem selbstverständlichen Satze, dass das eine Ding nicht das andere sei. Zeigen sich hier noch Schwierigkeiten, so entspringen sie nur aus dem unbestimmten Sinn der Worte, welche durch richtige Definitionen verbessert werden können. Den Satz, dass das Quadrat der Hypothenuse gleich ist den Quadraten der beiden anderen Seiten, kann man selbst bei dem genauesten Verständnis der Worte, ohne eine Reihe von Gründen und Betrachtungen, nicht einsehen; aber zum Beweis des Satzes, dass, wo kein Eigentum ist, es auch keine Ungerechtigkeit giebt, genügt die Definition der Worte und die Erklärung, dass Ungerechtigkeit in der Verletzung des Eigentums bestehe. Ein solcher Satz ist eigentlich nur eine unvollkommene Definition. Ebenso verhält es sich mit den sogenannten Schlüssen und Beweisen in allen Gebieten des Wissens, mit Ausnahme der Lehre von den Grössen und Zahlen, welche meines Erachtens getrost als die alleinigen Gegenstände der Erkenntnis und des strengen Beweisens aufgestellt werden können.

Alle anderen Untersuchungen beziehen sich nur auf Thatsachen und Dasein, welche offenbar nicht strenge bewiesen werden können.

Was ist, kann auch nicht sein. Die Verneinung einer Thatsache enthält keinen Widerspruch. Das Nichtsein von Etwas ist ohne Ausnahme eine ebenso bestimmte und deutliche Vorstellung als das Dasein desselben. Der Satz, welcher aussagt, dass es nicht ist, mag falsch sein, aber er ist ebenso begreiflich und verständlich wie der, welcher das Sein aussagt. Anders verhält es sich mit den eigentlichen Wissenschaften. Da ist jeder unwahre Satz auch verworren und unverständlich. Dass die Kubikwurzel von 64 gleich ist der Hälfte von 10, ist ein falscher Satz und kann nicht deutlich vorgestellt werden. Aber dass Cäsar oder der Engel Gabriel oder sonst ein Wesen niemals existiert haben, mag falsch sein, aber bleibt immer vollkommen begreiflich und enthält keinen Widerspruch.

Das Dasein eines Dinges kann daher nur durch Gründe bewiesen werden, welche von seiner Ursache oder Wirkung entnommen sind, und diese Gründe stützen sich lediglich auf Erfahrung. Beginnt man die Untersuchung *a priori*, so scheint jedes Ding fähig, jedes andere Ding hervorzubringen; der Fall eines Steines kann dann die Sonne verlöschen, oder eines Menschen Wunsch den Lauf der Planeten verändern. Nur die Erfahrung lehrt uns die Natur und Grenzen von Ursache und Wirkung; nur sie befähigt uns, von dem Dasein des einen Dinges auf das andere zu schliessen.

So verhält es sich mit der Grundlage der moralischen Schlüsse, welche den grössten Teil des menschlichen Wissens bilden und die Quelle alles menschlichen Handelns und Benehmens sind.

Moralische Schlüsse betreffen entweder besondere oder allgemeine Thatsachen. Zu den ersten gehören alle Überlegungen im Leben und alle Untersuchungen der Geschichte, Chronologie, Geographie und Astronomie.

Die Wissenschaften, welche allgemeine Thatsachen behandeln, sind die Politik, die Natur-Philosophie, die Physik, die Chemie u. s. w., wo die Eigenschaften, Ursachen und Wirkungen von einer ganzen Gattung von Gegenständen untersucht werden.

Die Gotteslehre oder Theologie, welche das Dasein einer Gottheit und die Unsterblichkeit der Seele darlegt, ist eine Untersuchung teils von einzelnen, teils von allgemeinen Thatsachen. Sie hat eine Grundlage in der Vernunft, soweit sie sich auf Erfahrung stützt; aber ihre beste und festeste Grundlage ist der Glaube und die göttliche Offenbarung.

Die Moral und die Ästhetik sind nicht eigentlich Gegenstände des Verstandes, sondern des Geschmacks und Gefühls. Sowohl die moralische wie die natürliche Schönheit wird mehr gefühlt als begriffen. Denkt man über sie nach, und will man einen Massstab für sie gewinnen, so betrachtet man eine neue Thatsache, d. h. den allgemeinen Geschmack der Menschen oder etwas Ähnliches, was dann den Gegenstand des Nachdenkens und der Untersuchung bilden kann.

Wenn man, von solchen Grundsätzen erfüllt, die Bibliotheken durchsieht, welche Verwüstung müsste man darin anrichten? Nimmt man z. B. ein theologisches oder streng metaphysisches Werk in die Hand, so darf man nur fragen: Enthält es eine dem reinen Denken entstammende Untersuchung über Grösse und Zahl? Nein. Enthält es eine auf Erfahrung sich stützende Untersuchung über Thatsachen und Dasein? Nein. Nun, so werfe man es ins Feuer; denn es kann nur Spitzfindigkeiten und Blendwerk enthalten.